人事労務「攻め」と「守り」の勘所

中小企業 規模別 Q&A ＋ 解説

加藤剛毅
弁護士・中小企業診断士

石原昌洋
特定社会保険労務士・
中小企業診断士

宮野公輔
中小企業診断士

マネジメント社

はじめに

中小企業における「ヒト」の問題の重要性と普遍性

中小企業の成長において
「ヒト」の問題は避けて通れない！

　全国に 300 万社以上存在する中小企業は、わが国の経済を支える基盤です。中小企業の経営資源には「ヒト・モノ・カネ・情報」がありますが、そのうちの特に「ヒト」の問題は、今後いかに IT や AI の技術が進歩・普及しても、決してなくなることのない普遍的な問題であり、中小企業の経営にとって、避けては通れないテーマです。
　これまで、中小企業の「ヒト」に関する問題・テーマにフォーカスして著された書籍は数多く出版されていますが、それらの多くは、社会保険労務士や弁護士の単著または共著、あるいは組織・人事コンサルタント等によるものが多いようです。
　そこで、社会保険労務士や弁護士だけでなく、中小企業経営支援のスペシャリストである中小企業診断士の知見も加えて、中小企業の社長や総務人事担当者が、これを読めば中小企業経営における「ヒト」の問題を解決するためのヒントや、企業の成長を加速させるような育成、活用方法の手がかりが得られるポイントがすぐわかる本を執筆したいと考えました。

企業の成長段階に応じて、人事労務の問題や留意点、
人材の活用方法も異なってくる

　企業にはライフサイクル（成長段階）があり、人事労務の問題や留意点、人材の活用方法も、社員の人数（企業の成長段階）に応じて自ずと異なってきます。

そこで、上記の企画意図を実現するため、本書では、企業の成長に応じて、①社員が10名以上、②30名以上、③50名以上、④100名以上の4つの段階に分け、各段階別に企業が人事労務管理上留意すべき点や組織づくり、人材活用のポイントを、主として見開き2ページまたは4ページで、左のページに解説文、右のページに図や表という読みやすい構成で解説しています。

　ただし、この4つの区分は、その規模に該当する企業のみに必要な人事労務マターではありません。本書の内容はすべての中小企業にとって必要な人事労務マターです。4つの区分にしているのは、「その区分の中小企業によくある問題」を取り上げた、というように理解しておいてください。

中小企業診断士による「攻めの視点」と
社会保険労務士・弁護士による「守りの視点」のバランスが重要！

　人事・労務の問題には、それぞれ「攻めの視点」と「守りの視点」がありますが、本書では、企業が人事労務管理上留意すべき点や組織づくり、人材活用のポイントを三士業（中小企業診断士・社会保険労務士・弁護士）の特徴を活かし、中小企業診断士による「攻めの視点」と社会保険労務士・弁護士による「守りの視点」から解説しています。

　その結果、中小企業の社長や総務人事担当者に気づきを得てもらい、少しでも実際の行動につなげてもらうことができたら幸甚に思います。

令和5年（2023年）4月

弁護士・中小企業診断士　　加藤 剛毅
特定社会保険労務士・中小企業診断士　　石原 昌洋
中小企業診断士　　宮野 公輔

CONTENTS

人事労務 「攻め」と「守り」の勘所

第**2**章　社員数 30 名以上の会社における人事労務管理

第**4**章　社員数**100**名以上の会社における人事労務管理

第 **1** 章

社員数 **10名以上** の 会社における 人事労務管理

攻めの視点
（Q01 〜 Q08）

Q01 うちの会社にはこれといった魅力がないのですが、
何を PR したらよいでしょうか？

> **Ans.** 自社を PR するためのポイントは 3 つあります。
> ❶会社の仕事や社風の特徴について洗い出す
> ❷その特徴が求職者にとってどのようなメリットにつながるの
> かを考える
> ❸「求職者価値」に置き換える

☞解　説

　まず、会社の仕事や社風の特徴について洗い出します。例えば、「会社の雰囲気がよい」「少人数で働いている」「勤務はフレックス制である」など。ここで重要なのは、強みとか弱みではなく、あくまで「特徴」を洗い出してみるということです。

　2つめは、その特徴が求職者にとってどのようなメリットにつながるのかを考えることす。例えば、職場が駅から近いのであれば「通勤に便利」、少人数であれば「社長の顔が見える」「携わる仕事の幅が広い」などです。

　ここまでは多くの企業で実践しているかと思いますが、最も重要なのが3つめの**「求職者価値」に置き換える**、という工程です。その特徴が求職者にとってどのような価値になるかを考えていきます。

　例えば、

　「将来、○○○というスキルが身につき、商品開発に携わることができる」

「自分でデザインを決めることができる」

「社長の右腕となって、経営を学ぶことができる」

「仕事を通して、地域の□□□に貢献できる」

など、メリットを「求職者が共感できる価値に転換する」ことが重要です。

☞**事例から読み解く**

　求人票に自社をPRしたいけれども、PRすることがなくて困っているという声を多く聞きます。「うちの会社は規模が小さくて、給与も高くはない。休みも多くはないし、仕事もいろんな業務に携わらなければならず、その業務も多岐にわたるので大変。とてもいいところを探すどころではない」といわれる経営者がいるのですが、採用に長年携わってきた経験からすると、PRできることは山ほどあります。

　人が会社を選ぶ理由を考える際に、「退職する理由」を考えると見えてくることがあります。これまで多くの退職者と面談をする中で、会社を辞める理由には3つの共通点があることがわかりました。

「この会社では成長できない」

「この会社にいても将来が見えない」

「先輩が嫌い」

　逆にいえば、これらを反対の状況にすることができれば、従業員にとって"魅力的な価値"となるわけです。

　多くの人が会社に求める「価値」とは、次のようなものです。

---

❶この会社にいると成長できる

❷この会社にはビジョンがあり、世の中に提供しようとしている「価値」に共感できる

❸上司や先輩、同僚が面倒を見てくれて、育てあい助けあう風土がある

《ポイント》

　求職者が求めているのは、「その会社にいてどのように成長できるのか」「その会社にいて未来が明るいか」「よい仲間ができるか」ということです。この3つが会社選択の条件でもあり、皆さんの職場環境がこの3つの要素に当てはまっているかどうかは、求職者が決めるということです。

　求職者の立場に立って、自社の「価値」を考えることが重要です。

会社名	特長	メリット・効能	求職者価値
○○株式会社（製造業）	☑会社の雰囲気がよい ☑希望する仕事に就ける ☑残業が多い ☑転勤がない ☑社員全員の顔がわかる ☑初任給が○○円 ☑住宅補助がある	☑働きやすく、気持ちよく仕事ができる ☑モチベーション高く働ける ☑地元で働くことができる ☑アットホームな雰囲気である	☑将来、○○というスキルが身につき、商品開発に携われる ☑○歳で部長になることが可能である ☑社長の右腕となって経営を学べる ☑転勤によるストレスがなく、家族と安心して暮らせる ☑仕事を通して地域に貢献できる ☑若いうちから重要な仕事を任せてもらえる

COLUMN　求職者が求めていること

❶応募前に求める情報

　求職者は、自分が応募する企業についてできるだけ多くの情報を求めます。ウェブサイトやSNSで、企業の沿革やビジョン、製品・サービスの内容、社員の声や福利厚生、一緒に働く仲間はどのような年代のどのような人たちなのか……実際に写真などを載せることでより具体的にイメージしてもらえます。

❷応募の手間やストレス

　求職者は、応募にあたり書類の提出や面接の準備、面接当日の移動など負担がかかります。また、採用プロセスが長引いたりするとストレスになります。企業は、求職者の負担を軽減するため、応募方法や面接日程などを柔軟に対応することが必要です。現在であれば一次面接はオンライン、実際にリアルでの面接は二次以降にするなど工夫も必要です。

❸面接時の印象や対応

　求職者にとって、面接時の印象や対応は非常に重要です。企業の面接官が求職者に対して敬意を払い、丁寧な対応をすることで、求職者によいイメージを抱いてもらうことができます。また、面接時の質問や課題などについても、求職者が自分自身をアピールするチャンスとなるので、求職者とのコミュニケーションを大切にすることが必要です。そのためには面接とはいえ事前に準備が必要です。事前に履歴書、職務経歴書等がある場合には求職者がどのような仕事をやってきたのか、何をアピールしようとしているのかなど、面接時に質問をすることが大切です。

❹結果通知やフィードバック

　求職者は、面接終了後に採用の可否や次のステップについての返答を待つことになります。企業は、求職者に対して速やかな結果通知やフィードバックを行うことで、求職者のストレスを軽減し、採用に至るまでの期間を短縮することができます。また自社の採用ノウハウを蓄積していくためにも、採用・不採用の理由を言語化することで面接のノウハウが蓄積されていきます。

Q 02 採用関係の予算がないのでハローワークを活用したいのですが、応募してくるでしょうか？

Ans. 求めている業種にもよると思いますが、工夫をすれば応募者は必ず出てきます。ただ、ハローワークをメインにしている人もいれば、ハローワークを活用していない人もいます。採用したいと思う人物を明確にしたうえで、求人方法を検討しましょう。

☞解　説

　ハローワーク以外にも、無料で求人広告を出せるところはいくつかありますが、その場合、求人欄の上位に表示されないことが多く、なかなか効果が出にくいものになっています。採用したいと思う人材がハローワークを活用していることが前提になりますが、活用する価値は大きいでしょう。

☞事例から読み解く

　ハローワークの求人票を見た人であればわかると思いますが、どんな雰囲気の会社なのか、具体的な仕事内容はどんなものかと理解できる求人票はそれほど多くありません。応募する人たちが本当にほしい情報を提供できていないのです。応募者は、

　「自分が対応できる仕事の内容なのか」

　「どんな人たちと働くのか」

　「待遇面はどうなっているのか」

　など、具体的な情報を求めていますが、求人票の見本を真似て、仕事内容なども「総務全般」「休日 120 日」など事務的な内容しか書いていない場合が多いようです。

　求人票を「求職者と会社をつなぐためのツール」として考えれば、適当に書いてあるような会社に応募者は来ません。

―《ポイント》―――

　無料だから人が集まらないということはありません。人が集まらない原因は媒体による影響もありますが、求職者に興味をもってもらえるような求人票になっていないことも大きな原因です。

　スマートフォンが普及している現在、求職者はどんな情報を求めているのか ―― 求人票を見た人が次に起こす行動は「検索」です。そのとき、笑顔が素敵な社長や仲間の顔があると、親近感や働いたときのイメージが湧くかもしれません。

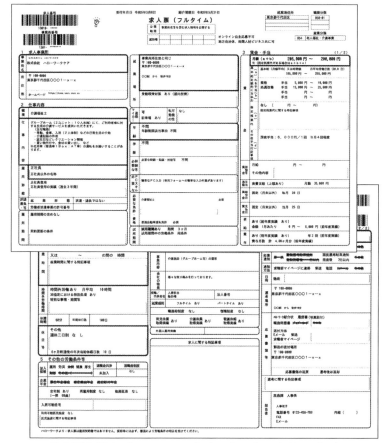

求人票の見本（ハローワークインターネットサービス）

Q 03 素晴らしい人材だと思って採用したのに、面接時にいっていたことが全然できず、腹が立っています。

> **Ans.** 面接という限られた時間内で、その人が入社後、どれだけ活躍し続けられるかどうかを見極めることは、とても難しいことです。
>
> そこで、「STAR」というフレームワークを使うことにより、その人の仕事の取り組み方や行動を知ることができ、採用後に「こんなはずではなかった」といったリスクを減らすことができます。

☞解　説

《STAR》
S…Situation　状況：どういう状況で
T…Task　　　役割：どんな役割を担っていたか
A…Action　　行動：どんな行動をして
R…Result　　結果：どんな結果になったか

　面接の目的は、採用した人が活躍することにより、事業が成長し、会社が発展することです。

　人柄がよくても、仕事を進めるうえでのプロセスが正しく、行動までしっかりできて、仕事での成果を出していくのは難しいことです。

　過去にその人がどのような経験をしてきたかを聞いても、その人が自分の成果でないことを自分の成果のように話したり、たまたま外部環境によってうまくいったことを自分の手柄のように話をすることもあります。

　そのようなときには、「STAR」のフレームワークを活用すると見えてくるものがあります。

☞**事例から読み解く**

　職務経歴書では「プロジェクトを率いて○○を達成」と記載していた場合、このプロジェクトは「どのような状況で（S）」「どのような役割を（T）担っていましたか？」。また、問題が発生したときに「どのような行動（A）をとり」「どういう結果（R）になりましたか？」と質問します。

　その当時のシチュエーションがわかるくらいに質問をすると、誰かに指示されたことをやっていただけなのか、あるいは自発的に考えて行動を起こしたのかを探ることができます。

《ポイント》

　面接はとても難しく、複数回の面接をするにしても、これから数年間、数十年間一緒に働く仲間を数時間で完全に判断することはできません。

　ただ、職務経歴書などの書面だけでの判断では見誤ってしまいます。輝かしい経歴を見て飛びつかずに、困難なときや成功を収めたときに、その人が何を考え、どんな行動を起こすのかを聞いてイメージすることで、書面だけではわからない、その人の行動特性が見えてきます。

Q04 担当業務を決めたのですが、それ以外の仕事をしようとしなくなりました。

> **Ans.** 担当する業務内容だけではなく、チームの中でどのような役割を担ってもらいたいかを定義することが重要です。
>
> チームプレーというのは、「業務と業務の間の仕事」を円滑に行える状況にすることがキーポイントになります。その際に大切なのは、「目的は何か？」「誰のために何のために行うのか？」を伝え、そのために担当業務以外にどのような「役割」を担ってもらいたいかを定義して伝えることです。

☞解　説

「Aさんは○○の仕事の担当です」と伝えると、当然Aさんは○○の仕事を責任もってやろうとする一方で、△△の仕事については私の担当外だと認識するようになります。

メインの担当業務は決めるにしても、「業務と業務の間の仕事」を誰がやるのか、そんなところに問題が発生することになります。そこで、チームプレーを円滑にするために、「Aさんの担当業務は○○の仕事ですが、チームの役割としては前工程であるBさんの業務が詰まっていたら、積極的に手伝いにいくサポーターとしての役割もお願いしたい」と、どのような「役割」を担ってもらいたいのかを定義して伝えます。そうすることで、自分の担当業務しかやらないという問題を解消することが可能になります。

☞事例から読み解く

担当する業務はいつのまにかただの「作業」になりがちです。「作業」ではなく「仕事」にするためには、その目的や誰のために行うのかを明確にすることです。その作業の目的を理解し、誰のためにやってい

のかを考えることによって、そこにアイデアや工夫が生まれ、単なる「作業」を「仕事」にすることができます。

有名なエピソードに、3人の煉瓦職人の話があります。

ある村に3人の煉瓦職人がいました。Aさんに「あなたの仕事はなんですか?」と聞くと、Aさんは「俺は煉瓦を積み上げることが仕事だ」といいました。同じ質問をBさんに投げかけると、「俺は教会を作るために煉瓦を積んでいるんだ」といいます。そして最後のCさんは「この村はとても貧しいんだ。みんな祈る場所を求めているんだ。だから俺は、この村に祈る場所である教会を作るために煉瓦を積んでいるんだ」といいました。

誰が一番よい仕事をするでしょうか。アイデアや工夫が生まれるのはおそらくCさんではないでしょうか。「目的」や「誰のために」がわかっているので、老人が多いから階段の段差は低くしてやろうといったアイデアや工夫が生まれてくるのです。

タイプ	セリフ	作業 or 仕事	アイデアや工夫
職人A	私は煉瓦を100個積んでるんだ	【作業】 煉瓦を積むという作業をしている	小
職人B	私は教会を作るために煉瓦を積んでるんだ	【一応仕事】 何のために煉瓦を積んでいるかを一応理解している	中
職人C	村の人が祈る場所である教会を建てるために煉瓦を積んでいる	【仕事】 何のためだけでなく、「誰のために」を理解している	大

《ポイント》

担当業務を割り振る際に、業務内容だけではなく、その目的や誰のためにやるのかを伝えましょう。このように、やるべき業務とその人のチームでの役割を定義し、理解させることが重要です。

Q05 「人は褒められて伸びる」というけれど、褒めるところがない場合はどうしたらよいでしょうか？

> **Ans.**「褒める」よりも、「相手をよく知る、関心を持つ」ことが相手との信頼関係を作ります。褒められるよりも、関心を持ってもらうことのほうがリスペクトを感じられますし、仕事の意欲につながるものです。

☞ **解　説**

なぜ、職場では「褒める」ことが必要だと考えられているのでしょうか？　おそらくそれは、褒めることで従業員のモチベーションを上げて、より成果を出してもらいたいからでしょう。モチベーションを上げることが目的だとすれば、褒める以外に従業員のモチベーションを上げる方法はないかと考えてみることです。

「私は褒められるのが苦手です。何かおだてられているように思えたり、裏の意図を考えてしまうから素直に喜べません」という人もいます。しかし、相手から興味・関心を持ってもらえていると感じると、素直に嬉しく思うものです。それは自分の存在を認めてもらえているという、相手からの率直なリスペクトを感じるからです。

☞ **事例から読み解く**

「〇〇さんって、仕事が早いですね。すごいですね」と、根拠なくいわれると、「そんなことないよ。いつも早いわけではないし、私よりも仕事が早い人はたくさんいるし」という返事になるでしょう。

「〇〇さんは、いつも早めに出社して仕事の準備をされているんですね」といわれると、「私のことをよく見てくれていて、関心を持ってもらえている」と素直にうれしく感じるものです。

相手をよく見て、その行動や特徴について伝えてあげることにより

（良し悪しの判断ではなく）、相手との信頼関係が生まれ、モチベーションアップにつながります。

《ポイント》

　「褒める」のではなく、「相手に関心を持つ、知ろうとする」ことが重要です。そうすることで、互いにリスペクトでき、自然とよい雰囲気の職場になることでしょう。

　まずは、相手へ関心を持ち、好きなこと、嫌いなこと、誕生日、趣味、出身地などを知ろうと努力してみてください。

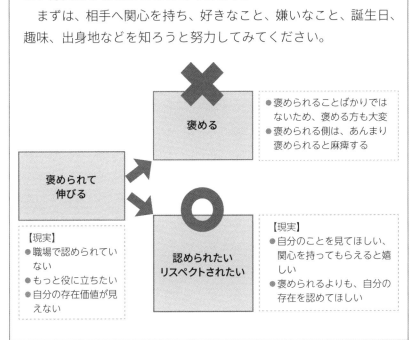

Q 06 お金も時間も余裕がありません。それでも社員教育は必要ですか？

Ans. もし、企業において教育が全くなくなったとしたらどうなるでしょうか？ 人が育たずに生産性は低下し、モチベーションも上がらず、事業を継続することは難しくなります。企業の成長の過程である一定のフェーズにさしかかると、人材育成はとても大きな経営テーマになります。

☞ **解　説**

お金をかけて行う研修だけが教育ではありません。職場内で先輩が後輩を指導することもいい教育です。

職場内で教えあう、学びあう風土をいかに作るかが、企業の成長にとって重要なことになります。

☞ **事例から読み解く**

教育の時間を作るのはとても大切なことであるということを伝える有名な逸話があります。

木こりが、がんばって木を切っている。

通りがかった旅人がその様子を眺めていたが、斧を振るう勢いのわりに、なかなか木が切れていない。

見ると、木こりの使っている斧が歯こぼれしているようなので、旅人はいった。

「斧を研いだほうがいいのでは？」

すると、木こりはいった。

「わかっちゃいるんだけどね、木を切るのに忙しくて、それどころじゃないよ」

　この逸話を聞いてどう思いますか？

　この話が伝えたいことは、「目の前の作業に夢中になりすぎるのではなく、いったんそれを止めて、効率よく進めるための工夫をすれば、同じ作業をもっと楽にできるようになり、全体として効率が上がる」ということです。

《ポイント》

　目の前の仕事に追われて「忙しいから人を育てる時間がない」と考えるのではなく、忙しいからこそ早く人を育てて生産性を向上させる、というように考え方を変えていくことが重要です。

Q07 男性社員が「育児休業を取得したい」といっています。ありえない。いったい何を考えているのでしょうか？

Ans. 育児休業は性別に関係なく与えなければなりません。ただし、労使協定等により、一部の対象者を除外している場合には、除外している対象者の育児休業は拒むことができます。

☞ 解　説

条件さえ満たせば、性別に関係なく、非正規社員であっても育児休業を取得できます。人口減少が進むわが国において、男性も育児に参加することで出生率が改善することが期待されているためです。

☞ 事例から読み解く

人手が足りないときにようやく従業員を採用できたのに、入社後すぐに、「子どもが産まれたので育児休業を取得したい」といってきました。こんな場合にも休業を認めなければいけないのでしょうか？

この場合には、労使協定において「入社1年未満の者を除く」と定めていれば、当該社員については育児休業を拒むことはできますが、今後の人材戦略上、「育児休業」を積極的に進めるほうがよいでしょう。

《ポイント》

育児休業は男性でも認めなければなりません。令和5年4月1日からは従業員が1,000人を超える企業は育児休業の取得状況を公開しなければならなくなりました。

小規模事業者であれば育児休業の取得状況まで公開する必要はありませんが、育児休業は取得させる必要があります。

人口減少が進む中で今後は育児しながら働ける環境を整備した会社に人が集まってきます。

◎男性の育児休業取得にあたっての課題

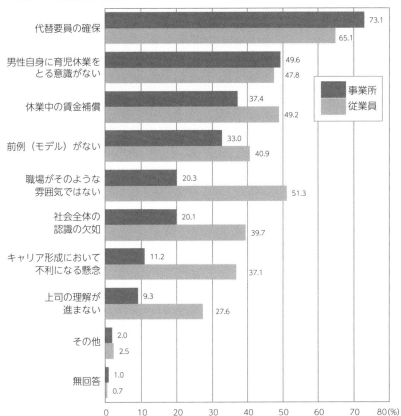

代替要員の確保　73.1 / 65.1

男性自身に育児休業をとる意識がない　49.6 / 47.8

休業中の賃金補償　37.4 / 49.2

前例（モデル）がない　33.0 / 40.9

職場がそのような雰囲気ではない　20.3 / 51.3

社会全体の認識の欠如　20.1 / 39.7

キャリア形成において不利になる懸念　11.2 / 37.1

上司の理解が進まない　9.3 / 27.6

その他　2.0 / 2.5

無回答　1.0 / 0.7

凡例：事業所／従業員

出所：「令和元年度東京都男女雇用平等参画状況調査結果報告書」（東京都産業労働局）より

027

Q 08 高度な技術を持った人がいます。辞められると困ってしまいます。

> **Ans.** 技術承継を計画的に行いましょう。技術承継のポイントは「知識」「スキル」「マインド」を分けて教えることです。
>
> 技術者が「教え方」を学んでいくと、スムーズに次の世代に技術を引き継ぐことができます。

☞解　説

　人に仕事がついていると、その人が退職すると仕事が回らなくなることがあります。それが特別な技術を持った人であればなおさらです。技術の後継者を育てないと、こういう問題が発生します。

　そのためには計画を立て、人員に余裕がなければ新たに採用をし、育成していかなければなりません。

　また、技術者が後輩に自分の技術を教えようとしてもうまくいかないことが多々あります。それは教え方のコツを知らず、計画的ではなく、思ったことをそのまま伝えてしまっていることが原因です。

☞事例から読み解く

　実際に技術を教えようとしてもうまくいかないことがあります。教える立場の技術者のほうが「本気でないやつには教えたくない」ということもあります。

　高度な技術を持った人が、いきなりすべてを教えようとしても、教わるほうの素養が備わっていなければうまくいきません。

　まずは「知識」を教えながら、技術者としての「マインドセット」をしていきます。

　十分に素養が備わったと思えたら「技術」を教えていきます。

┌─《ポイント》─────────────────────

　技術承継の際には、まずはいつまでに技術を伝えるのかゴール
を設定し、承継する相手を選定し、「知識」「スキル」「マインド」
に分けて教えるようにしましょう。

　そうすれば、今までうまくいかなかった技術承継がスムーズに
いくはずです。

　教える人と教わる人のコミュニケーションがうまくいかない場
合には、第三者が入るのも効果的な方法です。

ステップ1	ステップ2	ステップ3
技術を いつまでに 承継するのか 決める	誰に 引き継ぐのか 決める	知識・ 技術・ マインド に分けて教える

守りの視点
(Q09 ～ Q20)

Q09 求人広告を出す際に、注意すべきことはありますか？

> **Ans.** 人材を募集にするにあたり、年齢や性別を制限することはできません。例えば、20代女性に入社してほしいと考えても、ハローワークや求人誌に「20代の女性を募集します」といった記載はできないので注意が必要です。

☞**解　説**

労働施策総合推進法（旧雇用対策法）第9条により、年齢による制限、男女雇用機会均等法第5条により性別を制限することは禁じられています。

募集・採用にあたって、年齢や性別で制限をすることを禁止しているのは、その人の能力・適性を判断して（年齢や性別によらず）募集・採用を行うことで、より均等な働く機会が与えられるようになることを目的としています。

☞**事例から読み解く**

従業員を採用しようとする際には「こういう人に応募してもらいたい」といった思いがあります。

ただし、募集の際には年齢や性別を直接的に特定することはできません。

そのため、他の従業員の写真などを載せることにより、同じような属性の人が応募しやすい工夫をしていることが多いようです。

　また、例外として、長期勤続によるキャリア形成を図る観点から、若年者等を期間の定めのない労働契約の対象として募集・採用する場合（無期雇用に限る）や、定年年齢を上限として、その上限年齢未満の労働者を期間の定めのない労働契約の対象として募集・採用する場合（無期雇用に限る）は、年齢を制限することが認められています。

─《ポイント》─

　募集をする際には年齢や性別を制限することはできませんが、採用、不採用は会社の自由です。

　ハローワークや求人広告を掲載する際にはそのような制限がかかりますが、こういった人を採用したいといった人物像はしっかりと表現して採用にあたりたいところです。

　また、若い人に働いてもらいたいと漠然と思っていても、よくよく話を聞いてみると、別に若い人でなくてもできる仕事も多かったりします。

　ただなんとなく「若い人がいい」とか「男性が、女性が」と思って募集している経営者も多いのです。

　これからの時代はダイバーシティです。多様な人たちが働ける場所が求められています。

　（032〜033ページに資料として、年齢・性別に関する厚生労働省の考え方をまとめています）

資料1　求めているのは年齢か、能力か？

―――《年齢制限禁止の目的》―――

- 年齢制限禁止の義務化は、個々人の能力、適性を判断して募集・採用してもらうことで、一人ひとりにより均等な働く機会が与えられるようにすることを目的としている。
- 少子高齢化のなかで、わが国経済の持続的な成長のためには、個々人が年齢ではなく、その能力や適性に応じて活躍の場を得られることが重要である。

―――《年齢制限禁止のポイント》―――

- 労働者の募集及び採用の際には、原則として年齢を不問としなければならない。
- 例外的に年齢制限を行う場合は、例外事由に該当する必要がある。
- 公共職業安定所を利用する場合をはじめ、民間の職業紹介事業者、求人広告などを通じて募集・採用する場合や、事業主が自社のホームページなどで直接募集・採用する場合を含め、広く「募集・採用」に適用される。
- パート、アルバイト、派遣など雇用の形態を問わない。
- 形式的に求人票を「年齢不問」とすればよいということではない。年齢を理由に応募を断ったり、書類選考や面接で年齢を理由に採否を決定することは法違反になる。また、応募者の年齢を理由に雇用形態や職種などの求人条件を変えることもできない。

《年齢制限禁止のメリット》

| 年齢の幅を広げる | ➡ | より多くの応募者が集まる | ➡ | 求める求人の採用が容易に！ |
| 採用したい人物像を明示する | ➡ | 応募者の精度が高まる | ➡ | |

（出所：厚生労働省）

資料2　男女均等な採用選考ルール

　男女雇用機会均等法は、労働者の募集及び採用に係る性別を理由とする差別を禁止し、男女均等な取扱いを求めている（法第5条）。

　また、業務上の必要性など、合理的な理由がない場合に、募集・採用において労働者の身長・体重・体力を要件とすること、労働者の募集・採用、昇進、職種の変更をする際に、転居を伴う転勤に応じることを要件とすることは、間接差別として禁止されている（法第7条）。

《**性別を理由とする差別**》

❶募集・採用の対象から男女のいずれかを排除すること。

❷募集・採用の条件を男女で異なるものとすること。

❸採用選考において、能力・資質の有無等を判断する方法や基準について男女で異なる取扱いをすること。

❹募集・採用にあたって男女のいずれかを優先すること。

❺求人の内容の説明等情報の提供について、男女で異なる取扱いをすること。

 違法

《**間接差別**》

❶募集・採用にあたって、労働者の身長、体重または体力を要件とすること。

❷労働者の募集・採用にあたって、転居を伴う転勤に応じることができることを要件とすること。

 合理的な理由がない場合 **違法**

（出所：厚生労働省）

Q10 面接の際に、「してはいけない質問」などはありますか？

Ans. 就職差別につながるような質問は禁止されています。就職差別とは、会社が応募者の能力や適性などに関係ない事柄や、本人の責任でない事項などで採用・不採用を決定することです。

☞**解　説**

厚生労働省は「採用選考時に配慮すべき事項」として基準を設けています。

就職差別につながるおそれがある具体的事項として、少なくとも

- 適性・能力に関係のない事項「本人に責任のない事項や、本来自由であるべき事項（思想・信条にかかわること）」を、エントリーシート・応募用紙・面接・作文などによって把握すること
- 身元調査・合理的必要性のない採用選考時の健康診断を実施すること

など14事項を挙げています。

本人に責任のない事項としては、国籍や出生地、家族の職業や収入などがそれに該当します。また、本来自由であるべき事項には、宗教や支持政党、尊敬する人物なども該当します。

☞**事例から読み解く**

面接の際に緊張をほぐそうと、面接官がアイスブレイクとして、両親の職業を聞いたり、尊敬する人物などを聞くことがあると思いますが、そういった質問が職業差別につながるおそれがあります。

《ポイント》

　面接の際には職業差別につながるような質問は控える必要があります が、採用担当者はそのような自覚がないことが多いものです。採用担当者となった際には、厚生労働省のホームページにさまざまな資料が掲載されているので、一度目を通しておくとよいでしょう。

◎就職差別につながるおそれがある14事項（厚生労働省）

本人に責任のない事項の把握	本来自由であるべき事項の把握（思想・信条にかかわること）	採用選考の方法
●本籍・出生地に関すること（注1） ●家族に関すること ●住宅状況に関すること ●生活環境・家庭環境などに関すること	●宗教に関すること ●支持政党に関することの把握 ●人生観・生活信条などに関すること ●尊敬する人物に関すること ●思想に関すること ●労働組合（加入状況や活動歴など）、学生運動などの社会運動に関すること ●購読新聞・雑誌・愛読書などに関すること	●身元調査など（注2）の実施 ●本人の適性・能力に関係ない事項を含んだ応募書類の使用 ●合理的・客観的に必要性が認められない採用選考時の健康診断の実施

※これらに限られるわけではありません。
注1　「戸籍謄（抄）本」や本籍が記載された「住民票（写し）」を提出させることはこれに該当します。
注2　「現住所の略図等」は、生活環境などを把握したり、身元調査につながる可能性があります。

Q11　内定取消しが認められるのは、どのような場合でしょうか？

Ans. 内定取消し（留保解約権の行使）には、解雇に準じた厳格性が要求され、①客観的にみて合理的な理由があり、②社会通念上相当であると認められる場合でなければ無効とされます。注意が必要です（※大日本印刷事件参照）。

☞**解　説**

　内定とは、入社日（労働契約の効力発生日）を定めて、会社から就職希望者に労働契約締結の意思を伝えることをいいます。

　就職希望者が求人に応募することが労働契約の申込みの意思表示となり、会社がこれに応じて内定通知を出すことが、その申込みの意思表示に対する承諾の意思表示となり、これをもって労働契約が成立します。

　労働契約の効力発生日を設定し、それまでは会社は内定を取り消す権利を留保している労働契約であるため、内定による労働契約は、「始期付解約権留保付労働契約」と呼ばれています。

　内定で始期付解約権留保付労働契約が成立するとはいえ、内定者は、他社への就業機会を放棄している弱い立場にあるのが通常です。

☞**事例から読み解く**

　具体的には、大学や高校を卒業できないとき、業務に支障が出るほどの健康状態の不良が判明したとき、その事実を知っていれば内定を出さなかったであろう重大な虚偽・経歴等の詐称が後日判明したとき、採用を断念しなければならないほどの経営状態の悪化等、が想定されます。

─《ポイント》─────

　内定の取消しには解雇に準じる厳格な要件が求められるので、内定の取消しを検討する場合には、必ず、事前に社会保険労務士や弁護士等の専門家に相談することをおすすめします。

◎内定取消し（留保解約権の行使）の要件

1	客観的にみて合理的な理由があること
2	社会通念上相当であるとして是認できる場合であること

⬇ より具体的には

1	大学や高校を卒業できないとき
2	業務に支障が出るほどの健康状態の不良が判明したとき
3	その事実を知っていれば内定を出さなかったであろう重大な虚偽・経歴等の詐称が後日判明したとき
4	採用を断念しなければならないほどの経営状態の悪化等

　※大日本印刷事件とは、大学新卒者に対する採用内定の法的性質が争われた事件です。

　「本件採用内定通知のほかには労働契約締結のための特段の意思表示をすることが予定されていなかったことを考慮するとき…本件誓約書記載の五項目の採用内定取消事由に基づく解約権を留保した労働契約が成立したものと解するのを相当とした原審の判断は正当」と判断し、採用内定を「始期付解約権留保付労働契約」と解釈しています。

Q12 新入社員の試用期間は、どのくらい認められますか？

Ans. 試用期間の長さについては、特に、労働法上の規制はありません。統計（労働政策研究・研修機構「社員の採用と退職に関する実態調査」）によると、3か月とする企業が最も多く、6か月までとする企業が大半となっています。裁判例からは、試用期間の上限は概ね1年以内と考えられています。

☞ 解　説

　試用期間とは、入社後の従業員の能力や勤務態度、健康状態等の適格性を見極めるための期間です。試用期間中は、本採用後と比較すると、解雇が認められやすくなります。

　試用期間の延長は、原則、就業規則等に規定していない限り認められません。就業規則には、延長の可能性やその対象となる事由、延長の期間等を規定しておきましょう。

　実務的には、延長後の日付と延長理由を記載した「試用期間延長通知書」を発行します。

☞ 事例から読み解く

　試用期間中であっても解雇が制限されるのは、れっきとした労働契約が成立しているからで、法律用語で「解約権留保付き労働契約」といいます。

　試用期間の長さについては特に法的な規制はありませんが、とはいえ、従業員を不安定な立場に置く期間なので、あまり長期間の試用期間を設定することは望ましくないでしょう。

《ポイント》

　試用期間中であっても自由に解雇できるわけではありません。試用期間の長さには法的な規制はありませんが、一定の制限があること、どんなに長くても 1 年以内、一般的には、6 か月までが妥当であることを覚えておいてください。

◎試用期間の長さ

3 か月	➡	統計では最も多い
6 か月以内	➡	統計では大半を占める
1 年以内	➡	裁判例では限度か？

◎就業規則での試用期間の記載事項

1	試用期間の長さ
2	試用期間中の労働条件
3	延長する場合とその長さ
4	本採用拒否について

Q13 試用期間が終わったときに「適性がない」と判断したら、本採用を拒否してもよいのでしょうか？

> **Ans.** 本採用拒否は、法的には解雇に該当しますので、❶客観的にみて合理的な理由があり、❷社会通念上相当であると認められない限り、解雇権を濫用したものとして無効になります（労働契約法〈以下、労契法〉16条）。したがって、本採用拒否（解雇）のハードルはかなり高いのが実情です。

☞解　説

　本件のように、「適性がない」という理由だけでは、解雇は認められない可能性が高いと考えられます。

　例えば、当該従業員の能力に見合った部署に配置するとか、本採用後に教育をして、能力を高める努力をするなどの方法により、本採用拒否（解雇）を回避することが考えられるからです。

☞事例から読み解く

　本採用拒否が認められる基準として、最高裁は、「採用時に知ることができない事実を知り、その事実によって雇用を継続することが適当ではない場合」と判示しています（※三菱樹脂事件参照）。

　より具体的には、極度の勤怠不良や業務命令違反、協調性不足、能力不足で改善の見込みがない場合、業務遂行に支障がある健康状態等が想定されます。

─《ポイント》─
　本採用拒否はハードルがかなり高いのが実情ですから、本採用拒否を検討する場合には、必ず、本採用拒否事由が就業規則の解雇の条項に規定されているかを確認したうえで、前述の要件を満

たしているか、事前に専門家に相談することをおすすめします。

◎本採用拒否（解雇）の要件

| 1 | 客観的にみて合理的な理由があること |
| 2 | 社会通念上相当であるとして是認できる場合であること |

⬇ より具体的には

1	極度の勤怠不良や業務命令違反
2	協調性不足
3	能力不足で改善の見込みがない場合
4	業務遂行に支障がある健康状態等

　※三菱樹脂事件とは、試用期間終了後に本採用を拒否したことの有効性が争われた事件で、「留保解約権に基づく解雇は、これを通常の解雇と全く同一に論ずることはできず、…広い範囲における解雇の自由が認められてもしかるべき」としつつ、「しかしながら、…前記留保解約権の行使は、上述した解約権留保の趣旨、目的に照らして、客観的に合理的な理由が存し社会通念上相当して是認されうる場合のみゆるされる…換言すれば、企業者が、採用決定後における調査の結果により、または試用中の勤務状態等により、当初知ることができず、また知ることが期待できないような事実を知るに至った場合において、そのような事実に照らしその者を引き続き当該企業に雇用しておくのが適当でないと判断することが、上記解約権留保の趣旨、目的に徴して、客観的に相当であると認められる場合には、さきに留保した解約権を行使することができる…」と判断しています。

Q14 就業規則は、いつ、どのように作成しなければならないのでしょうか？

Ans. 就業規則は会社が定める労使間のルールであり、労働基準法（以下、労基法）は、常時 10 人以上の労働者を雇用する使用者に対して、過半数労働組合又は労働者の過半数の代表者から意見聴取を行ったうえで、所轄の労働基準監督署への届け出（労基法 89 条）を義務付けています。

☞ **解　説**

　法律で定められているのは以上のとおりですが、就業規則は、会社と従業員が守るべきルールであり、いざというときに、会社を守るためにとても重要なものですので、常時 10 人以上の労働者を雇用していなくても、会社を起業して従業員を雇用するようになった段階で、きちんとした就業規則を作成することをおすすめします。

　また、就業規則の周知義務について、「使用者は、就業規則を常時各作業場の見やすい場所へ掲示し、又は備え付けること、書面を交付することその他の厚生労働省令で定める方法によって、労働者に周知させなければならない」（労基法 106 条）と定めています。

☞ **事例から読み解く**

　就業規則のひな形は、インターネットで検索すればたくさん見つかると思いますが、それらのひな形をそのまま使用するのは危険です。

　就業規則を作成するときは、必ず社会保険労務士や弁護士等の専門家に相談して、それぞれの会社の実情に合った詳細な就業規則を作成すべきです。そうでないと、せっかく就業規則を作成したにもかかわらず、いざというときに役に立たないということにもなりかねないからです。

《ポイント》

　就業規則は、なるべく早期の段階で、きちんと専門家に相談したうえで、作成することをおすすめします。

◎就業規則の周知方法

1	常時作業場の見やすい場所へ掲示し、又は備え付ける
2	書面で交付する
3	磁気ディスク等に記録し、かつ、各作業場に労働者が当該記録の内容を常時確認できる機器を設置する

◎就業規則の他、事業場に備えておくべき書類（参考）

帳簿の種類	記載項目	保存期間
労働者名簿	労働者の氏名等の個人情報	3年
賃金台帳	労働者の氏名他、賃金に関する情報	同上
出勤簿等	出勤・退勤等に関する記録	同上
年次有給休暇管理簿	取得時季、日数、基準日	同上

Q15 社員に有給休暇を取得させる義務があると聞いたのですが、詳しく教えてください。

Ans. 労基法において、すべての企業において、年10日以上の年次有給休暇が付与される労働者（管理監督者を含む）に対して、年次有給休暇の日数のうち、年5日については、使用者が時季を指定して取得させることが義務付けられています。

☞解　説

　対象者は年次有給休暇が10日以上付与される従業員に限られ、従業員ごとに、年次有給休暇を付与した日（基準日）から1年以内に5日について、会社が、取得時季を指定して与える必要があります。

　年次有給休暇の取得義務を果たすため、労基法施行規則において、会社は従業員ごとに、時季について意見を聞くことが義務付けられています。また、できる限り労働者の希望に沿った取得時季になるよう、聴取した意見を尊重するよう努めなければなりません。なお、すでに5日以上の年次有給休暇を請求・取得している労働者に対しては、使用者による時季指定をする必要はなく、することもできません。

　休暇に関する事項は就業規則の絶対的必要記載事項（労基法第89条）であるため、使用者による年次有給休暇の時季指定を実施する場合は、時季指定の対象となる労働者の範囲及び時季指定の方法等について、就業規則に記載しなければなりません。

☞事例から読み解く

　わが国では、年次有給休暇の取得率が欧米諸国に比べて低いことが課題となっているため、法改正により、2019年4月から、すべての会社において、この年次有給休暇の取得義務が適用されることになりました。

《ポイント》

　会社には、従業員に年次有給休暇を取得させる義務があります
が、具体的な取得のさせ方については、社会保険労務士に相談す
ることをおすすめします。

◎対象者

年次有給休暇が 10 日以上付与される労働者が対象

- 法定の年次有給休暇付与日数が 10 日以上の労働者に限る。
- 対象労働者には管理監督者や有期雇用労働者も含まれる。

◎年 5 日の時季指定義務

使用者は、労働者ごとに、年次有給休暇を付与した日（基準日）
から 1 年以内に 5 日について、取得時季を指定して年次有給休暇
を取得させなければならない。

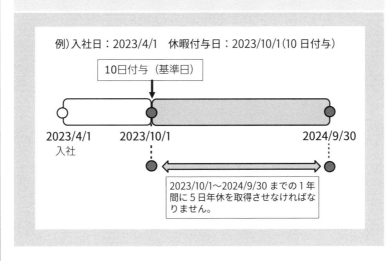

例）入社日：2023/4/1　休暇付与日：2023/10/1（10 日付与）

10日付与（基準日）

2023/4/1　　2023/10/1　　　　　　　　　　2024/9/30
入社

2023/10/1〜2024/9/30 までの 1 年
間に 5 日年休を取得させなければな
りません。

Q16 残業させた場合、割増賃金を支払わなければならないと聞きましたが、割増賃金について教えてください。

Ans. 時間外労働には限度が定められており、原則として1か月45時間、1年360時間を超えないものとしなければなりません。

　時間外労働をさせる場合、割増賃金の支払が必要になります。時間外労働に対する割増賃金は、通常の賃金の25%以上、通常1時間当たり1.000円で働く労働者の場合、時間外労働1時間につき、割増賃金を含め1,250円以上支払う必要があります。

☞ **解　説**

　割増賃金とは、従業員が法定時間外労働、法定休日労働または深夜労働をしたときに、通常の賃金に上乗せして支払う必要のある賃金のことをいいます。割増賃金の割増率は、以下のとおりです。

❶法定時間外労働（月45時間以下）：25%以上
❷法定時間外労働（月45時間超・年360時間超で、月60時間以下）：25%を超える率（努力義務）
❸法定時間外労働（月60時間超）：50%以上
❹法定休日労働：35%以上
❺深夜労働：25%以上

　なお、割増賃金の単価の計算にあたっては、以下の賃金が計算の基礎から除外できるものとされています。

●家族手当
●通勤手当
●別居手当

- 子女教育手当
- 住宅手当
- 臨時に支払われた賃金
- 1か月を超える期間ごとに支払われる賃金（賞与等）

☞ **事例から読み解く**

　深夜労働の割増賃金については、残業をした場合で深夜労働にも該当する場合または法定休日労働をした場合で深夜労働にも該当する場合には、それぞれの割増賃金と重複して支払う必要があります。

　例えば、残業（法定時間外労働）をした場合で深夜労働にも該当する場合には、上記（解説の割増率）の❶〜❸の割増率＋❺の割増率（25％）となり、法定休日労働をした場合で深夜労働にも該当する場合には、上記の❹35％以上＋❺の25％＝60％以上となります。

　これらの規制は、長時間労働や深夜労働を抑制するために設けられたものです。

　なお、法定労働時間の例外として、労使協定が締結されている等の条件の下で、一定期間内を平均した労働時間が法定労働時間を超えないように労働時間を定めることができる制度があり、これを「変形労働時間制」といいます。

―**《ポイント》**―

　時間外労働等をした場合、割増賃金を支払う必要があります。

種類	支払う条件	割増率
時 間 外 （時間外手当・ 残業手当）	法定労働時間（1日8時間・週40時間）を超えたとき	25％以上
	時間外労働が限度時間（1か月45時間、1年360時間等）を超えたとき	25％以上 （努力義務）
	時間外労働が1か月60時間を超えたとき	50％以上
休日（休日手当）	法定休日（週1日）に勤務させたとき	35％以上
深夜（深夜手当）	22時から5時までの間に勤務させたとき	25％以上

Q17 固定残業代（手当）制度を利用する場合の注意点を教えてください。

> **Ans.** 固定残業代（手当）が有効と認められるには、裁判例を踏まえると、以下の点に注意することが必要です。
> ❶就業規則等に「固定残業代（手当）」の制度を明確に規定する。
> ❷労働条件通知書等に固定残業代（手当）の金額及び対象となる時間数を記載し、了承した旨の従業員の署名を求める。
> ❸賃金台帳に固定残業代（手当）の対象となる時間を明記する。
> ❹固定残業代（手当）の対象となる時間を超えて残業したときには、超過した残業時間に対応した時間外労働割増賃金を支払う。

☞**解　説**

　固定残業代（手当）とは、毎月の給与支給時に一定額の時間外労働割増賃金を支払う仕組みのことをいいます。

　一般的には、給与計算業務を簡素化する仕組みとして活用されています。なかには、基本給にすべての固定残業代（手当）を含めて支払っている会社も見受けられますが、基本給とは別に「固定残業代（手当）」として明確に区分して支払うのが適切です。

☞**事例から読み解く**

　固定残業代（手当）の制度が適切に運用されていない会社も多く、そのような会社は、従業員が退職した後に、弁護士に依頼して未払い残業代を請求される事例もあることから、上記の点に注意して適切に運用することが重要です。

　筆者が扱った事案でも、固定残業代（手当）が基本給に含まれており、明確に区分されていなかったこともあり、過去2年分の未払い残業代として約1,500万円もの金額を請求された事案があります（最終

的には、交渉により、1,000万円程度に減額)。

─《ポイント》────────────────────────────

　固定残業代(手当)制度は給与計算業務を簡素化するという点ではとても便利ですが、適切に運用しないと後日のトラブルのもとになり、**多額の未払い残業代を請求される**リスクがありますので、専門家に相談して、適切に運用することが極めて重要です。

◎固定残業代(手当)制度を利用する場合の注意点

1	就業規則等に「固定残業代(手当)」の制度を明確に規定する
2	労働条件通知書等に固定残業代(手当)の金額及び対象となる時間数を記載し、了承した旨の従業員の署名を求める
3	賃金台帳に固定残業代(手当)の対象となる時間を明記する
4	固定残業代(手当)の対象となる時間を超えて残業したときには、超過した残業時間に対応した時間外労働割増賃金を支払う

Q18 社員の給料を一方的に引き下げることはできないと聞きました。詳しく教えてください。

Ans. 会社は、原則として、従業員と合意することなく、就業規則を一方的に従業員に不利益に変更して労働条件を変更することはできません。就業規則は事業主が作成するものですが、労働者が知らない間に、労働条件が一方的に不利益に変更されたり、厳しい服務規律などが定められることのないように、就業規則の作成・変更は、労働者の代表の意見を聞かなければなりません（労基法第 90 条関係）。

☞**解　説**

　会社が就業規則の変更による労働条件の不利益変更をするためには、変更後の就業規則を従業員に周知することはもちろん、以下の要素をすべて合理的に説明できる必要があります。

　変更後の就業規則に合理性が認められない場合は無効とされてしまいます（労契法 10 条）。

❶労働者の受ける不利益の程度
❷労働条件変更の必要性
❸変更後の就業規則の内容の相当性
❹労働組合等との交渉の状況その他の就業規則変更に係る事情

☞**事例から読み解く**

　この規制は、使用者である会社と比較して立場の弱い労働者の利益を保護するためのものです。

　他方、会社の人事権行使の一環としての人事評価制度等の運用によ

り、従業員の降格・降職に伴い、給与が引き下げられることもあるかと思いますが、これは会社の人事権行使の一環として、一定の範囲で認められます。

　また、懲戒処分の1つとして「減給」という処分が規定されている場合も多いかと思いますが、適正な懲戒権行使の一環としての「減給処分」であれば、問題ないことになります。

《ポイント》

　従業員の給与を一方的に減額できるか否かというのは、ケースバイケースですので、事前に社会保険労務士等の専門家に相談されることをおすすめします。

◎労働条件の不利益変更手続のフロー

1	就業規則の変更方針を決定
▼	
2	従業員との面談や労働組合との協議
▼	
3	同意書の作成または労働協約の締結
▼	
4	就業規則を変更し、届け出する
▼	
5	変更を周知する

Q19 社員が退職したいと申し出てきたのですが、社員が退職する場合の具体的な手順を教えてください。

Ans. 退職の申し出にあたっては、法律上、契約期間の定めがある労働契約を結んでいた場合と、そうでない場合で異なったルールが定められています。

正社員など、あらかじめ契約期間が定められていないときは、少なくとも2週間前までに退職の申し出をすれば、いつでも辞めることができます（就業規則に退職手続きが定められている場合はそれに従う）。

アルバイトなど、あらかじめ契約期間の定めがあるときは、契約期間の満了とともに契約が終了します。

☞解 説

民法上の原則は、従業員が退職の意思表示（解約の申入れ）をした日から2週間を経過すると雇用契約は終了するものとされ、使用者の承諾がなくても会社を辞めることができます（民法627条1項）。

もっとも、実務上は、就業規則等に、退職する場合の申入れ時期について退職日から1か月前までとする等の規定を設けることにより、民法の原則よりも退職の申し出から退職日までに余裕をもたせるのが一般的です。

その他、従業員が退職すると、社会保険や労働保険等の多くの手続も必要となります。

☞事例から読み解く

実務上、退職日から1か月前までとするのは、2週間では残務の処理や業務の引き継ぎ、他の従業員の配置転換等が円滑にできないおそれがあるからです。

　なお、従業員の退職の際には、従業員からの一方的な意思表示である辞職ではなく、後日のトラブルを未然に防ぐため、会社と従業員の双方が合意で退職した形にし、「退職合意書」等の書面を作成して、お互いに債権債務が存在しないことを確認する旨の清算条項を盛り込むこともあります。

《ポイント》

　従業員が退職すると、多くの諸手続が必要となるので、従業員から退職の申し出があった場合には、社会保険労務士に相談することをおすすめします。

◎ **退職までの具体的な流れ**

2か月前	1か月前	2週間前	退職日
●退職意向の表示 ●退職日の調整〜決定	●業務の引き継ぎ ●退職届の提出	●取引先（社外）へ挨拶まわり ●担当引き継ぎ	●社内への挨拶 ●貸与品の返却、退職書類の受取

Q20 契約社員（有期労働契約の社員）を雇止めする際の注意点を教えてください。

Ans. 使用者は、有期労働契約（有期労働契約が3回以上更新されているか、1年を超えて継続して雇用されている労働者に限る。あらかじめ当該契約を更新しない旨明示されているものを除く）を更新しない場合には、少なくとも契約の期間が満了する日の30日前までに、その予告をしなければなりません。また、雇止めの予告後に社員が雇止めの理由について証明書を請求した場合は、遅滞なくこれを交付しなければなりません。

☞解　説

有期労働契約は期間満了により終了となるため、原則として、特段の意思表示は必要ありません。

実際には、契約の更新が繰り返され、一定期間雇用を継続した後に次回の更新をしない旨を通知して契約を打ち切る「雇止め」をめぐってトラブルに発展することがあります。

労契法19条では、客観的に合理的理由を欠き、社会通念上相当であると認められないときは雇止めが認められないとされています。

☞事例から読み解く

具体的には、次のいずれかに該当する有期労働契約が対象となり、雇止めが認められない場合には、従前と同一の労働条件で有期労働契約が更新されることになります。

❶過去に反復更新された有期労働契約で、その雇止めが、実質的には期間の定めのない労働契約における解雇とほとんど異ならないような場合

❷反復更新されることに対する期待を抱く合理的理由がある場合

　厚生労働省が策定した「有期労働契約の締結、更新及び雇止めに関する基準」によれば、以下のように雇止めに関するルールが設けられています。

1. 雇止めの予告が必要となる有期労働契約

　以下のいずれかに該当する有期労働契約を更新しない場合は、原則として、契約満了日の少なくとも30日前には雇止めの予告をしなければなりません。

❶ 3回以上更新されている場合
❷ 1年以下の契約期間の労働契約が更新または反復更新され、最初に労働契約を締結してから継続して通算1年を超える場合
❸ 1年を超える契約期間の労働契約を締結している場合

2. 雇止めの理由の明示

　前記1に該当する場合で雇止めの理由について証明書を請求されたときは、遅滞なく交付しなければなりません。

《ポイント》
　有期労働契約の雇止めに関する裁判例の傾向から（厚生労働省資料：056 〜 057 ページ参照）、自社の契約社員との有期労働契約が、裁判例の4つのタイプのうち、どのタイプに該当するのか、あらかじめ確認しておきましょう。

◎**有期労働契約の雇止めに関する裁判例の傾向**（厚生労働省資料）

　雇止めについて争われた裁判例を見ると、6つの判断要素を用いて当該契約関係の状況を総合的に判断しており、民法の原則どおり契約期間の満了により当然に契約関係が終了するものと判断した事案ばかりではなく、契約関係の終了に制約を加え、解雇に関する法理の類推

◎**6つの判断要素と具体例**

判断要素	具体例
❶業務の客観的内容	○従事する仕事の種類・内容・勤務の形態（業務内容の恒常性・臨時性、業務内容についての正社員との同一性の有無など）
❷契約上の地位の性格	○地位の基幹性・臨時性（嘱託・非常勤講師など） ○労働条件についての正社員との同一性の有無
❸当事者の主観的態様	○継続雇用を期待させる当事者の言動・認識の有無・程度等（採用に際しての雇用契約の期間や、更新ないし継続雇用の見込み等についての雇主側からの説明など）
❹更新の手続・実態	○契約更新の状況（反復更新の有無・回数、勤続年数など） ○契約更新時における手続の厳格性の程度（更新手続の有無・時期・方法、更新の可否の判断方法など）
❺他の労働者の更新状況	○同様の地位にある他の労働者の雇止めの有無など
❻その他	○有期労働契約を締結した経緯 ○勤続年数・年齢等の上限の設定など

適用等により雇止めの可否を判断し、結果として雇止めが認められなかった事案も少なくない。

　また、裁判例について類型化を試みると、有期労働契約を4つのタイプに分けることができ、各タイプごとに判断要素に関する状況や雇止めの可否について一定の傾向が見られる。

◎有期労働契約4つのタイプ別裁判例

契約関係の状況	1 期間満了後も雇用関係が継続するものと期待することに合理性は認められないもの	2 期間の定めのない契約と実質的に異ならない状態に至っている契約であると認められたもの	3 雇用継続への合理的な期待が認められる契約であるとされ、その理由として相当程度の反復更新の実態が挙げられているもの	4 雇用継続への合理的期待が、当初の契約締結時等から生じていると認められる契約であるとされたもの
	純粋有期契約タイプ	実質無期契約タイプ	期待保護（反復更新）タイプ	期待保護（継続特約）タイプ
事案の特徴	●業務内容が臨時的な事案があるほか、臨時社員など契約上の地位が臨時的な事案が多い。 ●契約当事者が期間満了により契約関係が終了すると明確に認識している事案が多い。 ●更新の手続が厳格に行われている事案が多い。 ●同様の地位にある労働者について過去に雇止めの例がある事案が多い。 〈代表的な裁判例〉 亜細亜大学事件 東京地裁 昭60(ワ)5740号 昭63・11・25判決	●業務内容が恒常的であり、更新手続が形式的な事案が多い。 ●雇用継続を期待させる使用者の言動が認められる事案が多い。 ●同様の地位にある労働者について過去に雇止めの例がほとんどない事案が多い。 〈代表的な裁判例〉 東芝柳町工場事件 最高裁第一小法廷 昭45(オ)1175号 昭49・7・22判決	●業務内容が恒常的であり、更新回数が多い。 ●業務内容が正社員と同一でない事案がある。 ●同様の地位にある労働者について過去に雇止めの例がある事案がある。 〈代表的な裁判例〉 日立メディコ事件 最高裁第一小法廷 昭56(オ)225号 昭61・12・4判決	●更新回数は概して少なく、契約締結の経緯等が特殊な事例が多い。 〈代表的な裁判例〉 福岡大和倉庫事件 福岡地裁 昭62(ワ)3383号 平2・12・12判決
雇止めの可否	原則どおり契約期間の満了によって当然に契約関係が終了するものとして、雇止めの効力は認められる。	ほとんどの事案で雇止めは認められていない。	経済的事情による雇止めについて、正社員の整理解雇とは判断基準が異なるとの理由で、雇止めを認めた事案がかなり見られる。	当該契約に特殊な事情等の存在を理由として雇止めを認めない事案が多い。

解雇に関する法理の類推等により**契約関係の終了に制約**

注）裁判例の傾向は、「有期労働契約の反復更新に関する調査研究会報告」をもとに取りまとめたものである。

第**2**章

社員数**30名以上**の
会社における
人事労務管理

攻めの視点
（Q21 〜 Q25）

Q21 経営理念の話をすると、従業員がさめた顔で聞いています。全く自分事と思ってくれないのが残念です。

Ans. 経営者の哲学や信念に基づいた企業の活動方針を「経営理念」といい、「**何のために企業活動を行うのか**」を明文化したものです。一般に「ミッション」「ビジョン」「バリュー」の3つからなります。

ミッション（使命）：命をかけてでも成し遂げたいことです。「世の中のこういう課題を解決したい」「こんな人のために役に立ちたい」など、創業からの想いが込められています。これに共感して仲間やお金が集まってくるわけです。

ビジョン（ありたい姿）：数年後にこんなふうになっていたいという目標です。「地域でナンバーワンになる」「売上高○○円、従業員数□□人」など、より具体的にどんなふうになっていたいかを言語化したものです。これにより従業員は未来が見えて目標が共有化され、本当の意味のチームメンバーとなります。

バリュー（大切にしている価値）：経営者が大切にしている考え方や仕事への姿勢など「チームメンバーにこんな行動をとってほしい」「こういう考えを大切にしてほしい」というマインドを言語化したものです。これにより組織風土が醸成されます。

　このような経営理念を共有し、その意味を従業員と分かち合うことが重要です。

☞**解　説**

　アメリカの経営学者チェスター・バーナードは、組織が成立するためには、「コミュニケーション」「貢献意欲」「共通目的」の三要素が不可欠であり、どれか1つ欠けても、組織として健全に機能しなくなるという「組織の三要素」を提唱しました。

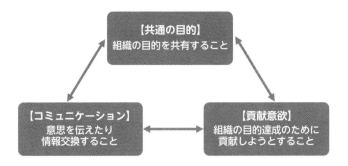

　また、組織とは、2人以上の集まりによる集合体であり、2人以上の人間が何かを成し遂げようとするときに組織が形成されるとも言及しています。

　「組織の三要素」は、組織の本質を見事に突いており、現代においても、組織を構築しマネジメントしていくうえで無視することのできない基本の大原則とされています。

　この「共通目的」を従業員と共有し続けるためには、経営理念の言語化とそれをいかに浸透させるかの仕組みや仕掛け（コミュニケーション）が必要です。その結果、チームメンバーは貢献意欲をもって組織で働くことができるようになるわけです。

☞**事例から読み解く**

　会社はある目的のために集まった組織（チーム）であるため、メンバーはその目的のための貢献意欲を持っていることが前提となります。しかし、仕事をしていると、目の前の作業に追われてしまうため、改めてこの作業は「何のため」「誰のため」に行っているのかの共通

目的の確認が必要となります。

　東京ディズニーランド・東京ディズニーシーを運営する㈱オリエンタルランドでは、パーク運営の基本理念として、コンセプトや考え方をスタッフ全員と共有することを大切にしています。

　その基本理念に基づき、「The Five Keys ～ 5つの鍵～」といわれる行動規範が設定されているため、スタッフは決まったことをいわれたままにやるのではなく、その理念や行動規範に基づいて、「パークの目的に沿って、自分で考えて行動する」ことができているといわれています。

　詳しくは同社のホームページを参照してください。
https://www.olc.co.jp/ja/sustainability/social/safety/scse.html

《経営理念やパーパスはなぜ必要なのか》

　会社はある目的のために生まれた組織（チーム）です。その目的は、なにかしらの社会貢献です。人の役に立つ、社会の役に立って「ありがとう」といわれることにより、その「ありがとう」が売上となり、市場からの評価となります。

　そして、「どのような形で社会の役に立つのか」という大きな指針が企業理念の使命（ミッション）となります。すべての会社に当然あるものですが、これをステークホルダーに上手に伝えることができている会社とそうでない会社があります。うまく伝えられている会社には、そこに共感した人や、応援したい人が増え、結果的に従業員や取引先、お金が集まってきます。つまり、経営理念の社内外への浸透は持続可能性の高い経営につながるということになります。

　最近、企業理念をパーパスと言い換えて表現している会社が増えています。パーパス（Purpose）とは「目的」「意図」という意味です。ビジネスシーンでは「何のために組織や企業が存在するのか」「社員は何のために働いているのか」という「存在意義」を表す概念として使われています。

　こうしたパーパス＝存在意義を重視する経営が国内外で注目を集めています。このような経営理念やパーパスを浸透させるにはいくつかのポイントがあります。

　1．社会問題への解決を提示しているか
　2．自社の利益につながっているか
　3．自社のビジネスに関係あるか
　4．現実的な内容か
　5．社員の共感を得られるか

　これら 5 つのポイントを押さえた内容になっているか、自社の経営理念やパーパスについて確認してみてはいかがでしょうか。

【上手にミッションやパーパスを伝えている企業の例】

● ソニー：クリエイティビティとテクノロジーの力で、世界を感動で満たす
● ナイキ：スポーツを通じて世界を一つにし、健全な地球環境、活発なコミュニティ、そしてすべての人にとって平等なプレイングフィールドをつくり出す
● 味の素：アミノ酸のはたらきで食習慣や高齢化に伴う食と健康の課題を解決し、人びとのウェルネスを共創します

《ポイント》

　会社が大切にしている考え方を社員に伝えるということは、企業理念の浸透に他なりません。企業の規模が大きくなればなるほどそれは難しくなるため、各社いかにして従業員 1 人 1 人に企業理念を理解してもらい、それに沿った行動をとれるようにするかに頭を悩ませています。

　そのためには、まずは経営理念の言語化と、その経営理念を自分事として考えることができるようになるための時間やコミュニケーションの仕組みを作ることが重要となります。

Q22 部下がいうことを聞いてくれません。何か指示をしてもすぐに反論してきて、手を焼いてしまいます。

Ans. 部下がいうことを聞いてくれないのは、部下のせいだけではないかもしれません。上司という立場だけで部下を動かそうとしていませんか。人を動かすにはいくつかのパワーがあります。部下には部下の考えや感情があります。人を動かすときのパワーを理解し、部下に気持ちよく動いてもらえるようにしましょう。

☞解　説

「上司の私のいうことを聞くのは当然である」という思いがあるのかもしれません。以前は昇給や会社で定年まで勤め上げるのであれば、上司と波風を立てずに従っていたかもしれませんが、今の時代は出世や高い報酬を望む人も減ってきています。

そのようななかで、上司の地位だけでいうことを聞かそうとするのは難しくなってきています。

☞事例から読み解く

管理職になって部下ができると、多くの人が「1人で仕事をやっていたほうが楽だった」といいます。部下をしっかりとマネジメントし、成果を上げてもらうために、次の2つのパワーを使い分けましょう。

❶ポジションパワー

役職や地位の力によって人を動かす力です。命令に従わないと評価を下げたり、報酬を上げないといった権力を使うことにより人を動かします。ただし、それを顕著にやってしまうとパワーハラスメントといわれてしまうかもしれません。また、今は働く人もいろいろな価値観を持っているので、報酬や昇進を目指す人ばかりでもなく、ポジショ

ポジションパワー	パーソナルパワー
公式の力	個人の力
●役職や地位による力	●個人的魅力や信頼による力
・強制力	・専門力
・報酬力	・人間力
メンバーの反応	メンバーの反応
・面従腹背	・尊敬、心腹
影響力の持続性	影響力の持続性
・一時的	・永続的

ンパワーでは人は動かしにくくなってきています。

❷パーソナルパワー

　その人の個人的な魅力により人を動かす力です。権力ではなく、人として尊敬できる、あの人に頼まれたら断れないという、人として信頼や愛されていることにより、協力を得られることになります。社会人としての最高の財産は「人からの信頼である」とかつての上司から教わりましたが、まさに人の信頼を得られることがパワーとなります。

《ポイント》

　「仕事の本質は人を動かすこと」だと考えると、人の信頼を得ることが一番の近道であるということは理解できるでしょう。立場で人に指示をして動かなければならない場合もありますが、役職に頼らず、個人としての魅力や信頼によって人に気持ちよく動いていってもらいたいものです。今まで以上に人としての信頼を得られるようにすることで、皆さんの仕事は今よりももっとやりやすくなるでしょう。

Q23 教育には OJT や OFF‑JT があると聞いていますが、どれが一番効果的なのでしょうか？

Ans. OJT は On the Job Training の略で職場指導、OFF-JT は Off the Job Training の略で職場外指導（集合研修）を意味します。その他、自己啓発（SD；Self Development）を加えて教育の3本柱といわれます。それぞれにメリット・デメリットがあり、状況に合わせて選択する必要はありますが、**人の成長に最も影響するのは、職場指導のOJT** だといわれています。

☞ 解 説

OJT	部下や後輩に対して、実際の仕事を通じて指導し、知識、技術などを身に付けさせる教育方法のこと。
OFF-JT	日常の仕事を通じて教育を行う OJT に対し、職場や通常の業務から離れ、特別に時間や場所をとって行う教育・学習をさす。
自己啓発（SD)	本人の意志で自分自身（＝自己）の能力を開発したり、精神的な成長を目指したりすることを指し、そのための訓練を行うことを意味する。原則として会社には強制力がない。

OJT のメリットには、次のようなものがあります。

❶通常の業務を行いながら、教育を進めることができる

❷業務に即した教育となるため、効率がよい

❸相手に合った教え方やスピードで必要な知識やスキルを習得することができる

逆に、以下のようなデメリットもあります。

❶トレーナーの能力に依存する：スキルや経験が足りないトレー

「7：2：1の法則」

　人の成長には「7：2：1の法則」というものがあります。

　経営コンサルタントであるマイケル・ロンバルドとロバート・アイチンガーの研究によると、ビジネスにおいて人は7割を「仕事上の経験から学び」、2割を「先輩・上司からの助言やフィードバックから学び」、残りの1割を「研修などのトレーニングから学ぶ」といわれています。

　7割の「仕事上の経験からの学び」、2割の「先輩・上司からの助言やフィードバック」はOJTによるものが大きく、合計9割になります。つまり、人の成長への影響の9割はOJTであるということです。

　しかし、OFF-JTを軽んじているわけではなく、職場にないノウハウや知識を体系的に身に付けるためには、やはりOJTだけでは満たすことができず、OFF-JTが有効です。

　このOFF-JTで学んだ、新たなノウハウや知識をいかにOJTで部下、後輩に仕事を通して教えていくのかがとても重要になります。

ナーがOJTを担当してしまうと、OJT受講者に対する指導が行き届かず、必要なスキルや知識を習得できないことがある。

❷トレーナーの負担が大きい：本来の業務＋αの仕事となるので、OJTに力を入れすぎると、OJTトレーナーが担当する本来の仕事に支障が出て業務が滞ってしまったり、残業が増えてしまう状況が懸念される。

❸体系的な指導が難しい：実際に業務を行いながら指導するので、得られるスキルや知識が特定分野に偏り、断片的になってしまうことがある。

OFF-JTのメリットとして、次の3つを挙げることができます。

❶理論的で体系的な知識が習得でき、研修に対して一定の品質を確保しやすい。

❷演習などグループで何かを成し遂げる機会を通して、参加者同士の交流が生まれる。

❸一度に多くの対象者を教育でき、公平で効率的である。

一方、デメリットは次のようなものです。

❶自社業務に直結する研修とならない場合がある：一般的なカリキュラムで実施した場合、実務へ適用するときに応用が必要となるなど、さまざまな手間がかかってしまうことがある。

❷開催にあたってコストがかかる：外部講師費用や、会場費、受講者の交通費など。

❸教育担当者の負担が大きい：カリキュラムや講師の決定、諸連絡、当日の運営フォローなど。

	メリット	デメリット
OJT	• 仕事に密着した指導育成ができる。 • 個々のレベルに合わせた育成ができる。 • コミュニケーション・信頼関係の醸成がはかれる。 • 業務の改善・効率化につながる。	• 上司の意識や指導技術に左右される。 • 指導時間がとりにくい。 • 指導が発生的・無計画的になりやすい。
OFF-JT	• 理論的・体系的な仕事ができる • 多人数を一度に指導できる。 • 仕事を離れて学習に集中できる。 • 他者と自分を比較し、自分の現時点での実力が確認できる。	• 一般的、抽象的になりやすい。 • 時間とコストが多くかかる。 • 受身の研修になりやすい。 • 研修効果の確認が難しい。
自己啓発	• 自分のペースやレベルに合わせた学習ができる。 • 自分の興味で学習内容が選択できる。 • 自己の充実感、達成感が得られる。	• 仕事との関連がうすくなりやすい。 • 初志貫徹、継続が難しい。

☞**事例から読み解く**

　多くの企業で管理職研修に投資をしています。それは、会社全体の人材の底上げを企図しているからです。

　管理職にはOFF-JTで体系的に教育を行い、そこで学んだ内容を、OJTを通して部下・後輩に教育することで、全社員の成長を期待しているのです。OFF-JTでは、ただ理論を身に付けるのではなく、それを自社や自部門の状況に当てはめて、これまでの自分自身の経験と組み合わせた結果、自分なりの持論に変えることが重要です。

　集合研修の場で他者の持論を聞くことで、学びはより深まり、現場で使える知恵となるのです。

─《ポイント》─

　OFF-JTで学んだノウハウや知識をいかに、OJTにつなげるのかが重要になります。

　教育の3本柱であるOJT、OFF-JT、SDが相互に作用し、連携する仕組みの構築を考えることにより、教育効果は高まります。

　学んだ知識や理論を他者との対話によってさらに深め、自分の理論として形成していくことが重要です。

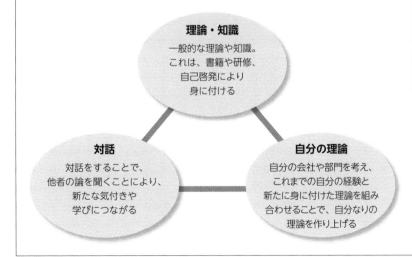

理論・知識
一般的な理論や知識。
これは、書籍や研修、
自己啓発により
身に付ける

対話
対話をすることで、
他者の論を聞くことにより、
新たな気付きや
学びにつながる

自分の理論
自分の会社や部門を考え、
これまでの自分の経験と
新たに身に付けた理論を組み
合わせることで、自分なりの
理論を作り上げる

Q24 頑張っている人にはたくさん給与を払いたいし、頑張っていない人には給与を払いたくありません。

Ans.「目標の連鎖」を意識した目標設定をした評価制度を導入しましょう。

経営者が考えている「頑張り」は、おそらく会社の目標達成に貢献した人になると思います。

従業員の皆さんはそれぞれ自分なりに頑張っています。ただ、その頑張りが会社の目標達成とは全く関係がないこともあります。社長からすると、それは頑張っていないことになってしまいます。

従業員に目標の連鎖の考えを伝え、会社の目標達成に貢献する個人の目標を立ててもらいましょう。

☞解 説

頑張っている、頑張っていない、といった基準を言語化していないと、従業員はそれぞれ自分の経験や考えで行動を起こします。

経営者の頑張りは目標達成だと考えるとすると、個人の頑張りも会社の目標達成に貢献できるものでないといけません。

社長の考えている「頑張っている」というものを言葉として伝え、それが会社の目標達成と連動していることが重要であることを説明しましょう。

☞事例から読み解く

従業員が自分の健康管理のために毎日ランニングをするといった目標は、確かに健康確保といった面でみれば評価されることかもしれませんが、それは会社の業績目標と直接は関係ありません。

個人目標を簡単に決めてしまう会社も多くありますが、その個人目

標がもう一度全社目標達成に貢献できる内容になっているか確認して
ください。

《ポイント》

　会社は、事業の目的を達成するために、全社員が同じ目標に向
かってそれぞれの役割を理解し、力を発揮しなければなりません。
全社目標を達成するために部の目標があり、それに対して課の目
標、個人目標があります。目標の連鎖という考えを管理職はもち
ろん、全社員に浸透していくことで社長の頑張りが従業員の頑張
りと重なってきます。

　人事評価はこうしたことを踏まえて、最終的に個々人をどう評
価していくかということになります。

《目標の連鎖》

全社目標 → 部目標 → 課目標 → 個人目標

Q25 社長の感覚で給与を決めているのですが、従業員から不満が出ています。

Ans. 社長の感覚で評価しないようにするためには、3つの視点で評価することが一般的となります。

目標を達成できたのかを確認するための「**成果評価**」、成果を出すためにどのような能力を身に付け、行動したのかを確認するための「**行動評価**」、そして、チームの規律を守りチームプレーを発揮して相乗効果を高めるための「**情意（態度）評価**」です。

組織の目標達成度はどうだったか（結果や成果）、そのためにどのような能力を発揮したか（行動やプロセス）、そして組織が求める考え方を大切にし、適切な行動をとることができたか（情意）、について水準を明確にすることで、公平公正な評価となります。

☞解　説

ゲームにルールがあるように、職場にもルールが必要です。このルールが明確でない場合や、知らない場合にはそのゲームに勝つことは難しいといえます。そして、このルールを知っている人と知らない人が存在すると不公平だと感じるわけです。

人事には「公平公正の原則」というものがあり、公平公正を保つためにもこの「ゲームのルール」を明確にして周知することが重要なのです。

☞事例から読み解く

「社長の好き嫌いで評価してはいけないのではないか」とよく思われがちですが、（当たり前ですが）結果的に社長の好き嫌いとか考え方が組織のルールとなります。

　これが問題になるのは、それが明文化されていない、周知されていないからです。このような場合、「そういう行動が評価されるのであれば最初にいってほしかった」というように、後出しジャンケンのように感じられたり、同じ仕事をしているのに給与や賞与に差があるのは不公平だ、と従業員に感じさせてしまうことになります。

　つまり、社長の好き嫌いで評価すること自体が悪いのではなく、それが会社の評価の基準として、明文化・周知されていないことが問題なのです。

　能力評価は、どのような能力を保有しているのかという能力の保有度で評価します。例えば、A工程だけでなくB工程もこなすことができる、△△資格を保有している、というスキルや技術の保有だけではなく、部門間の調整を行える調整力や交渉力といった能力も職場や等級毎に基準を設けることが一般的です。

─《ポイント》─

　まずは、社長の好き嫌いを書き出してみましょう。それを、評価指標や評価項目などで分析してみることにより、評価が明確となります。評価項目の結果は目標達成度、プロセスは能力・行動と態度です。

	評価指標	評価項目	ポイント	報酬への反映
求める成果	成果評価	結果	達成度・遂行度	短期の報酬
求める能力・スキル	能力評価	プロセス	充足度・保有度・発揮度	中長期の報酬
求める態度・意欲	情意(態度)評価	プロセス	努力度	中長期の報酬

守りの視点
(Q26 ～ Q37)

Q26 労働時間と休憩時間について教えてください。

Ans. 従業員が、使用者のために労務を提供する時間を「労働時間」、従業員が労働から離れることを保証されている時間を「休憩時間」といいます。

労基法では、労働時間の上限を、1日8時間、1週間で原則40時間と規定しています（例外あり）。

☞解 説

労働時間にあたるか否かは、使用者の指揮命令下に置かれているか否かで判断されます。

なお、会社が就業規則等で法定労働時間の範囲内で設定した就業時間を「所定労働時間」といいます。また、法定労働時間を超える労働を「時間外労働」といいます。

従業員に時間外労働をさせるためには、従業員との間でいわゆる「36（さぶろく）協定」を締結して、所轄の労働基準監督署に届け出なければなりません。それをしないまま時間外労働をさせることは違法で、罰則もあります。時間外労働をさせた場合には、割増賃金を支払わなければなりません。

他方、「休憩時間」については、1日の労働時間が6時間を超える場合には、少なくとも45分、8時間を超える場合には、少なくとも1時間の休憩時間を労働時間の途中に与えることが義務付けられています。

☞**事例から読み解く**

　具体的な事例をもとに、労働時間にあたるか否かを考えてみます。

　例えば、実際に業務に従事しているわけではないが、使用者の指示があれば、直ちに業務に従事しなければならない「手待ち時間」は労働時間にあたるでしょうか？

　この時間は労働から完全に離れることを保証されておらず、使用者の指揮命令下にある時間とされ、休憩時間ではなく、労働時間に該当します。また、始業前の着替えや準備のための時間、終業後の着替えや後片付けのための時間も、使用者の指揮命令下にある時間として、労働時間にカウントされます。

　仮眠の時間も、電話対応や緊急事態への対応を義務付けられているような場合には、使用者の指揮命令下にある時間として、労働時間にカウントされます。

　会社の行事や研修等の時間は、参加を義務付けられていれば、使用者の指揮命令下にある時間として、労働時間にカウントされます。

　通勤時間、直行直帰の時間、出張先への移動時間等については、移動中の行動は自由なので、基本的には、使用者の指揮命令下にあるとはいえず、労働時間には該当しません。ただし、金品の運搬、人の送迎や警護等、移動自体を具体的な労務の提供内容として使用者から指示されているような場合、上司と一緒に行動しなければならないような場合は、使用者の指揮命令下にある時間として、労働時間に該当します。

《ポイント》

　労働時間に該当するか否かの判断は、実際には微妙な場合もあると思いますが、基本的には、使用者の指揮命令下にあるか否かで判断することになります。

Q27 時間外労働の上限規制が設けられたと聞いたのですが、詳しく教えてください。

Ans. 残業時間の上限は、原則として月45時間・年360時間とし、臨時的な特別の事情がなければこれを超えることはできません。臨時的な特別の事情があって労使が合意する場合でも、次を超えることはできません。

❶ 年720時間以内

❷ 複数月（2〜6か月）平均80時間以内（休日労働を含む）

❸ 月100時間未満（休日労働を含む）

☞解　説

　時間外労働や休日労働をさせるためには、あらかじめ労使協定を締結し、所轄の労働基準監督署に届け出をしなければなりません。この労使協定は、労基法36条に定める協定であるため、いわゆる「36（さぶろく）協定」と呼ばれています。36協定なしに時間外労働や休日労働をさせることはできず、これに違反すると罰則（6か月以下の懲役又は30万円以下の罰金）が科されるおそれがあります。時間外労働の上限は原則として以下のとおりです。

●月45時間以内

●年間360時間以内

　ただし、繁忙期等、特に必要と認められる事情がある場合に限り、あらかじめ特別条項付きの36協定を締結することにより、月45時間、年間360時間を超える時間外労働が認められますが、その場合でも、上記のAns.に記載した上限を超えることはできません。

　なお、この特別条項は、最大でも年6回までしか適用できません。

　このような時間外労働の上限規制が設けられたのは、昨今の長時間労働による過労死自殺などが社会問題化したことが理由とされていま

す。今後は、限られた時間の中でいかに効率よく健康的に働くか、長時間労働は悪であるとの基本的な考え方のもと、働き方を根本的に変えていく必要があるでしょう。

☞ **事例から読み解く**

　労基法が改正され（施行：大企業2019年4月、中小企業2020年4月）、時間外労働の上限が法律に規定されました。改正前、法律上は、残業時間の上限がありませんでした（行政指導のみ）。改正後は法律で残業時間の上限を定め、これを超える残業はできなくなりました。

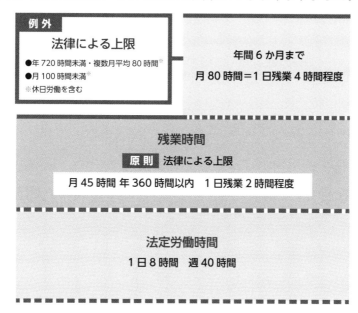

《ポイント》

　時間外労働には36協定の締結が必要で、36協定の対象期間は最長で1年とされているため、毎年、労働基準監督署に届け出る必要があります。その作成にあたっては、社会保険労務士や弁護士等の専門家に相談することをおすすめします。

Q28 管理職には残業代を支払わなくてもいいと聞いたことがあるのですが、本当でしょうか？

Ans. 労基法では、「管理監督者」という概念があり（労基法 41
条 2 号）、これに該当する従業員は、法定労働時間等に関する一
部の労基法の規定が適用除外とされています。
　この「管理監督者」は、裁判例では、
❶経営者と一体的な立場で重要な権限が与えられていること
❷自らの勤務時間について自由な裁量を与えられていること
❸賃金等の面でその地位に相応しい待遇がなされていること
　という 3 つの観点から、名称にとらわれず、実態に即して判
断されます。

☞解　説

　部長や課長といった、いわゆる管理職であっても、通常、労基法の
管理監督者には該当しません。
　世間一般で「管理職」と呼ばれている者のうち、労基法の管理監督
者に該当する者はかなり限定されると考えられ、会社法上の取締役等
の役員に準ずるような立場の者（いわゆる執行役員等）しか該当しな
いと考えられます。
　したがって、課長や部長といった世間一般で呼ばれる管理職になっ
たからといって、残業代を支払わないと最大で過去 3 年分（将来的
には 5 年分）の未払い賃金を請求されるおそれがありますので、注
意が必要です。

☞事例から読み解く

　「管理監督者」の範囲が狭く考えられているのは、労働者を保護す
るための労基法の一部の規定が適用されないという重大な結果になる

からです。

　裁判例でも、多くの事案で「管理監督者」とは認められず、会社側に不利な判断がされています。

　有名な例を挙げると、マクドナルドの店長が、「管理監督者」とは認められなかった事例があります。

―《ポイント》――――――――――――――――――――――――

　単に管理職といっても、労基法の「管理監督者」とは認められない可能性が高いので、基本的には、残業代を支払う必要があります。

　どのような役職であれば「管理監督者」に該当するのかについては、事前に専門家に相談することをおすすめします。

◎管理監督者に該当するか否かの判断基準

1	経営者と一体的な立場で重要な権限が与えられていること
2	自らの勤務時間について自由な裁量を与えられていること
3	賃金等の面でその地位に相応しい待遇がなされていること

Q29 人事異動で社員の配置転換をしたいのですが、配置転換をする際に注意すべき点を教えてください。

Ans. 会社が配置転換を行う際には、以下の2点が重要です。
❶ 配置転換の根拠が就業規則等に規定されているか否か
❷ 配転命令が権利濫用にあたらないか否か
　実際に特定の従業員に配置転換を命じる場合には、当該従業員と事前に面談の機会を設け、十分に話し合うことが重要です。そして、配置転換に伴い、当該従業員に著しい不利益が生じないよう、諸手当の支給等の代替措置を講じるなど、誠意ある対応を心がけるべきでしょう。

☞解　説

　配置転換（配転）とは、同一会社内で職種や職務内容、勤務地等を長期間にわたって変更することであり、人事異動の一種です。そのうち、同一会社内で他の勤務場所への配転を「転勤」といいます。

　会社には、従業員に対する人事権があり、就業規則等の労働契約上の根拠がある場合に配転を命じる権利である配転命令権を有します。

　しかし、会社の人事権の行使としての配転命令も無制約ではなく、権利の濫用に当たる場合には、無効となることもあります。

　多くの会社では、就業規則に業務上必要がある場合には、配置転換を命じることがある旨規定していますが、配置転換が無効とされないためには、就業規則等に規定されているだけではなく、配転命令が権利の濫用に該当しないことが必要です。

☞事例から読み解く

　家庭の事情により転勤命令を拒否したことで懲戒解雇となった労働者が、使用者の権利濫用であるとした訴えた訴訟の判例として、東亜

ペイント事件（昭和61年6月14日）があります。

　この判例では、使用者が労働者に対して配転命令権を有する場合でも、使用者の配転命令権は無制限にゆるされるものではなく、以下のいずれかの事由に該当するような場合には、その配転命令は、権利の濫用として無効になると判示しています。

---

❶業務上の必要性が認められない場合

❷業務上の必要性が認められる場合でも、不当な動機や目的に基づいて行われている場合

❸労働者に、通常受容すべき程度を超える著しい不利益を与える場合

❹労働条件が大幅に悪化する場合

《ポイント》

　実際に特定の従業員に配置転換を命じる場合には、当該従業員と事前に面談の機会を設け、十分に話し合うことが重要です。

◎配置転換を実施する場合の注意点

1	配置転換の根拠が就業規則等に規定されているか否か
2	配転命令が権利濫用に当たらないか否か

🔽 **より具体的には**

1	業務上の必要性が認められない場合
2	業務上の必要性が認められる場合でも、不当な動機や目的に基づいて行われている場合
3	労働者に通常受容すべき程度を超える著しい不利益を与える場合
4	労働条件が大幅に悪化する場合

➡ 以上のいずれかに該当する場合は無効

Q30 職種や勤務地限定に合意して採用した社員を、合意以外の職種や勤務地に配置転換することは可能でしょうか？

Ans. 個々の従業員と締結した労働契約で、職種や勤務地を限定する合意をした場合には、他の職種や勤務地に就かせることは、原則としてできません。

職種や勤務地を限定して採用した従業員に他の職種や勤務地への人事異動を命じるには、従業員の個別の同意を得なければなりません。

☞ **解 説**

就業規則などに配転について包括的な規定がある場合でも、職種限定合意、あるいは勤務地限定合意がある場合は、合意に反して配転を命じることができません（労契法7条）。

したがって、配転を命ずるためには、職種や勤務地を変更する内容の合意が必要となります（労契法8条）。

☞ **事例から読み解く**

職種限定の合意や勤務地限定の合意は、個別の労働契約や就業規則で明示の合意がある場合に認められるのが原則です。もっとも、職種限定の明示がない場合であっても、特殊な技術・技能・資格等を有する職種で、採用時の職種限定の合意が認められた裁判例もあります。

勤務地限定の明示がない場合では、コース別管理制度のなかの「一般職」や「現地採用社員」などとして採用されたというだけで、明示または黙示の勤務地限定合意があると認められるわけではありません。

◎職種限定の合意と配転の有効性に関する裁判例

日本テレビ事件

職種限定の合意を認めた事例

　大学在学中からアナウンサーとしての能力を高めるよう努力してアナウンサー専門の試験に合格し、以後、20 年間アナウンサー業務だけに従事してきた女性に対し、他職種への配置転換を命じた事案で、裁判所は、採用時の労働契約でアナウンサーの職種に限定する合意が成立していたとして、配転命令を無効と判断。

九州朝日放送事件

職種限定の合意を否定した事例

　テレビ・ラジオ放送局に入社して 24 年間アナウンサー業務に従事していた女性に対して、テレビ編成局番組審議会事務局に配置転換命令を出した事案で、裁判所は、採用時にアナウンサーとしての特殊技能があったとまではいえないこと、就業規則に職種限定の規定はなく労働契約締結にあたって職種を限定する合意はされていないこと、就業規則・労働契約でも配置転換の対象者からアナウンサーを除外していないこと、アナウンサーについても一定年齢に達すると他職種への配置転換が頻繁に行われていること等を総合考慮すると、職種限定の合意が成立していたと認めることはできないとして、配転命令を有効と判断。

---《ポイント》---

　職種や勤務地を限定する合意は、労働契約や就業規則で明示的になされている場合に認められるのが原則ですが、求人広告や採用面接の際にあいまいな表現をすると後日のトラブルの原因にもなりかねません。したがって、労働契約締結時には職種や勤務地の限定の有無について明確に記載することが、トラブルの未然防止に役立ちます。

Q31 社員がまた問題を起こし、本当は解雇したいのですが、いきなり解雇するのは難しいと聞いたので「懲戒処分」にしたいと考えています。社員を懲戒処分にする際に注意すべき点を教えてください。

Ans. 懲戒処分が有効となるためには、解雇の場合と同様、
❶ 客観的にみて合理的な理由があり
❷ 社会通念上相当であること
が必要とされ、この2つの要件を満たさない懲戒処分は懲戒権を濫用したものとして無効となってしまいます（労契法15条）。

☞**解　説**

「懲戒」とは、従業員が会社内外で何らかの不祥事を起こした場合に、会社内部の秩序を守ることを目的として科される制裁のことをいいます。

最近では、従業員の不祥事等により、会社が多大な損害を被ることも頻発していることから、コンプライアンスの観点からも、懲戒制度は重要な位置づけになっています。

中小企業の経営者は、会社の就業規則等に懲戒に関する規定があり、それに形式的に該当していれば、特に制約なく自由に従業員を懲戒処分にすることができると安易に考えている人もいるようです。

従業員を懲戒処分にする際には、上記2つの要件を満たしている必要がありますが、具体的に、どのような事案で2つの要件を満たすのかを判断するには、これまでの懲戒に関する裁判例等の知識が必要不可欠であるため、注意が必要です。

☞**事例から読み解く**

　懲戒権の濫用であるとして懲戒処分が無効とされた裁判例は数多くあります。

　例えば、懲戒に該当する事実は認められるものの、「懲戒解雇又は諭旨解雇の事由とするにはなお不十分であると言わざるを得ない」(日本鋼管事件) とされたものがあります。

　また、セクハラや競業を理由に諭旨退職を求めたが、従業員に退職を拒絶されたため、懲戒解雇したところ、日々の注意指導をせず極めて重い処分をしたことは社会通念上相当性を欠くとして無効とされた事案 (**クレディ・スイス証券事件**) などがあります。

《ポイント》

　従業員を懲戒処分にする場合、前記2つの要件を満たす必要がありますが、具体的に、どのような事案で2つの要件を満たすのかを判断するには、これまでの懲戒に関する裁判例等の知識が必要不可欠であるため、必ず、事前に社会保険労務士や弁護士等の専門家に相談することをおすすめします。

◎**懲戒処分が有効となるための要件**

1	客観的にみて合理的な理由があること
2	社会通念上相当であるとして是認できる場合であること

Q32 就業規則を見直して、念のために懲戒処分の規定を充実させたいと考えているのですが、懲戒処分の種類について教えてください。

> **Ans.** 懲戒処分には、❶戒告、❷けん責 ❸減給、❹出勤停止、❺降格、❻諭旨（ゆし）退職または諭旨解雇、❼懲戒解雇等の種類があります。

☞**解　説**

❶戒告・❷けん責

　従業員に反省を求め、将来を戒めるものですが、両者の違いは、①戒告はあくまで口頭での反省が求められるにとどまるのに対し、②けん責は書面（一般的には「始末書」）の提出が求められるという点です。

❸減給

　従業員が本来労務提供の対価として受け取るべき賃金の中から一方的に一定額を差し引く処分です。減給は、労基法の規制に服することになります。具体的には、以下のとおりです。

- 1回の額（1件の懲戒事案についての減給額）は平均賃金の1日分の半額以下であること
- 数件の懲戒事案について減給処分を科す場合には、その総額が一賃金支払期（給与計算期間）で実際に支払われる賃金総額の10分の1以下であること

❹出勤停止

　一定期間、従業員の就労を禁止する処分です。出勤停止期間中は賃金が支給されず、勤続年数にも通算されないのが一般的です。出勤停止期間の上限について法律上の規制はありませんが、実務的には、1週間〜1か月程度が多いようです。

❺降格

　非違行為（違法行為等）に対する制裁として、役職、職位、職能資格等を引き下げる処分です。降格には懲戒処分としての降格の他に、会社の人事権の行使としての降格があります。懲戒処分としての降格の場合は懲戒権の濫用にあたらないかが問題となり、人事権の行使としての降格の場合は人事権の濫用にあたらないかが問題となります。

❻諭旨解雇

　従業員に対し、一定期間内に退職届の提出を勧告し、勧告に従って退職届が提出された場合は依願退職扱いとし、提出されない場合は懲戒解雇とする処分です。本来は懲戒解雇に相当する程度の事由があるものの、会社の温情・情状酌量で懲戒解雇よりも若干軽減する処分です。諭旨退職は、諭旨解雇よりもさらに緩やかな処分で、対象者に退職届の提出を勧告し、依願退職した形を認める処分です。退職金の扱いも、通常の自己都合退職と同様の扱いとなります。

❼懲戒解雇

　懲戒処分として行われる解雇のことをいい、懲戒処分の中で最も重い処分です。退職金制度がある場合、退職金の全部又は一部を支給しないとすることが多いですが、そのような取扱いをするためには、就業規則や退職金規程等において、あらかじめその旨を定めておく必要があります。

《ポイント》

　いずれの懲戒処分をする場合でも、懲戒の要件を満たすか否か、実際にはその判断が難しい場合も多いため、事前に社会保険労務士や弁護士等の専門家に相談することをおすすめします。

| 戒告 | けん責 | 減給 | 出勤停止 | 降格 | 諭旨解雇 | 懲戒解雇 |

右にいくほど、重い処分

◔33 懲戒処分の具体的な手順を教えてください。

Ans. 懲戒処分の決定には適正な手続が求められるため、以下のような手順で慎重に進めていく必要があります。

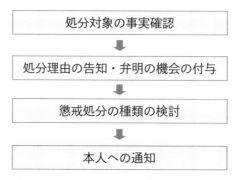

処分対象の事実確認

⬇

処分理由の告知・弁明の機会の付与

⬇

懲戒処分の種類の検討

⬇

本人への通知

☞**解　説**

　懲戒処分は、従業員に重大な不利益を与える制裁ですから、以下の手順に従い、順を追って慎重に進めることが重要です。

❶処分対象の事実確認

　対象者の処分対象となる事実関係について対象者本人や関係者から事情聴取を行い、詳細に把握しなければなりません。処分対象となる事実関係を客観的に裏付ける（物的）証拠も収集する必要があります。

❷処分理由の告知・弁明の機会の付与

　対象者に処分理由の告知や弁明の機会を与えることなく、会社側が処分することは後日の大きなトラブルの原因になりかねません。就業規則の懲戒の規定に特段の定めがなくとも、本人には処分理由の告知と弁明の機会を与えることが必要です。

❸懲戒処分の種類の検討

　処分の決定は、以下の5点を検討・判断することになります。

　①対象事案の違法性の程度

　②故意の有無や過失の程度

　③社内外の損害・影響の程度

　④就業規則に定められている懲戒事由の確認

　⑤社内や裁判例の類似事案の処分内容との均衡の検討

　なお、懲戒処分の決定を懲戒委員会の議決を経て行うこととしている場合には、必ず、懲戒委員会を開催して処分を決定します。

❹本人への通知

　決定した懲戒処分は、懲戒処分通知書等により、対象者に書面で通知し、その書面を対象者が受け取ったことを記録に残すため、対象者の署名を求めることが重要です。

─《ポイント》─

　　実際に従業員を懲戒処分にする場合には、きちんとした手順を踏んで、慎重に手続を進める必要がありますので、事前に社会保険労務士や弁護士等の専門家に相談することをおすすめします。

◎処分の決定にあたって検討・判断すべき事項

1	対象事案の違法性の程度
2	故意の有無や過失の程度
3	社内外の損害・影響の程度
4	就業規則に定められている懲戒事由の確認
5	社内や裁判例の類似事案の処分内容との均衡の検討

Q34 繰り返し問題行動を起こす社員に退職してほしいと考えているのですが、退職勧奨をする際の注意点を教えてください。

Ans.「退職勧奨」とは、勧奨対象となった従業員の自発的な退職意思の形成を働きかけるための説得活動をいいます。

会社側から従業員に対して退職をすすめるという点では、希望退職者の募集と共通しますが、希望退職が一定の条件を満たすすべての従業員を対象とするのに対し、退職勧奨は特定の従業員に対して個別に行われる点が異なります。

また、希望退職の場合は、退職金の上乗せの計算方法等、退職に応じた場合の条件が公表されるのが通常ですが、**退職勧奨の場合は、対象となる従業員ごとに異なる条件が提示されることが一般的です。**

☞**解　説**

退職勧奨を行うこと自体は会社の自由ですが、これを無制限に行うことが可能ということではなく、社会的に相当な範囲内で行う必要があり、自ずから限界があります。

退職勧奨の場において、対象従業員の人格を傷つける発言をしたり、多数回にわたって長時間の退職勧奨を行うことは、違法な退職勧奨となり、対象従業員に対する不法行為を構成し、慰謝料請求の対象となる可能性があります。

☞**事例から読み解く**

どのような場合に違法な退職勧奨となるかについては、ケースバイケースで判断されることになります。明確な線引きが難しいのですが、退職勧奨を行う際には、一般的には、以下のような点に留意する必要

があります。

①就業時間中に社内の会議室等で面談を行うこと（就業時間外や対象従業員の自宅に押しかけるなど、社外における退職勧奨は強制の要素が入り得るので避ける）

②会社側の人数は絞ること（社長と直属の上司1名の合計2名を上限とする）

③1回の面談時間は30分から長くても1時間程度とし、面談の頻度は週に2〜3回程度を目安とすること

④退職勧奨は対象従業員本人に対して行うべきであり、近親者などを介して説得することは避けること

⑤後日争いになる可能性を回避すべく、必要に応じて、面談の内容を録音しておくこと

⑥退職勧奨に応じた場合のメリット（再就職先の紹介や退職金の上乗せ等）を十分に理解させるため、複数回にわたり面談することは当然であるが、対象従業員がこれを十分理解したうえで、明確に退職勧奨を拒否する意思を表明した後は、それ以上の勧奨行為はしないこと

─《ポイント》─

　問題社員に対して退職勧奨を行う場合には数多くの注意点があるので、退職勧奨を行う際には、必ず、事前に社会保険労務士や弁護士等の専門家に相談することをおすすめします。

日本アイ・ビー・エム事件

日本アイ・ビー・エム事件とは、任意退職者に対して通常の退職金に加えて特別加算金を支払い、再就職支援サービス会社によるサービスを提供することなどを内容とする特別支援プログラムを実施した際に、会社が社員に対して行った退職勧奨について、当該社員ら（4名）が、各々への退職勧奨は、退職に関する自由な意思決定を不当に制約するとともに、名誉感情等の人格的利益を侵害した違法な退職強要であるとして、不法行為による損害賠償（各自300万円）を請求した事案です。

判決では、まず、退職勧奨対象者の選定の前提となる評価について、裁量の逸脱・濫用があったとは認められないとし、退職勧奨を含む面談においても、退職に関する労働者らの自由な意思形成を促す行為として許容される範囲を逸脱したり、社員らの退職についての自由な意思決定を困難にしているとは認められないから、労働者らの退職に関する自己決定権が侵害されたとは認められないとしています。

また、本件では、業績不振の社員を対象に、充実した退職支援策のもとで退職勧奨が行われたところ、本判決は、「業績不振の社員がこうした退職勧奨に対して消極的な意思表示をした場合、それらの中には、これまで通りのやり方で現在の業務に従事しつつ大企業ゆえの高い待遇と恩恵を受け続けることに執着するあまり、業績に係る自分の置かれた位置付けを十分に認識せずにいたり、業務改善を求められる相当程度の精神的重圧…から解放されることに加えて、充実した退職支援を受けられることの利点を十分に検討し又は熟慮したりしないまま、上記のような拒否回答をする者が存在する可能性は否定できない」と指摘しました。

　そして、「退職勧奨の対象となった社員がこれに消極的な意思を表明した場合であっても、…直ちに、退職勧奨のための説明ないし説得活動を終了しなければならないものではなく、」会社が当該社員に、会社に「在籍し続けた場合におけるデメリット…、退職した場合におけるメリット…について、更に具体的かつ丁寧に説明又は説得活動をし、また、真摯に検討してもらえたのかどうかのやり取りや意向聴取をし、退職勧奨に応ずるか否かにつき再検討を求めたり、翻意を促したりすることは、社会通念上相当と認められる範囲を逸脱した態様でなされたものでない限り、当然に許容される」と判断しました。

◎日本アイ・ビー・エム事件における注意事項

1	退職を強要するような言動は違法となるので、面接を行う際は言葉遣いや態度には十分気を付けること。特に、人格を傷つけるような言動や解雇の意思表示と感じさせるような言葉は決して使わないこと。
2	当該社員の話をよく聞く態度で臨むこと（説得ではなく、応諾の答えを引き出すことを心がける）。 急ぎすぎず、自らが話しすぎないこと。
3	感情的になった場合は、面接を一時中断し、次回の面談の日時を決めて終了すること。
4	1 回の面談は、30 〜 40 分程度を目安にすること。
5	1 週間に 3 回以上の面談はしないこと

Q35 問題社員が退職するにあたり、競合他社に転職することや当社の営業秘密の漏洩を防止したいのですが、どうすればいいでしょうか？

Ans. 労働契約においては、労使双方が相手の利益に配慮し、誠実に行動することが求められます。これに付随する代表的な義務が、使用者にあっては安全配慮義務、解雇回避努力義務などで、労働者にあっては使用者の利益に反する競業を差し控える「**競業避止義務**」と営業上の秘密を保持する「**秘密保持義務**」です。社員は退職後も、一定の要件の下において競業避止義務と秘密保持義務を負うことになります。

☞**解　説**

　退職した後、つまり、雇用契約終了後に必ず競業避止義務を負うわけではありません。退職後（雇用契約終了後）の競業避止義務が認められるためには、就業規則の規定や従業員との個別合意が必要となります。

　そこで、就業規則等に従業員の退職後の競業避止義務に関する規定を明示したうえで、退職時に競業避止義務に関する合意書面を取り交わすことが重要です。

　他方、退職した従業員に、秘密保持義務を負わせるためには、競業避止義務の場合と同様、就業規則に規定するか、退職時に秘密保持に関する合意文書を取り交わすことが重要です。

　なお、競業避止義務も秘密保持義務も、退職後、何年間存続させることにするのか、競合他社の範囲（職種や業務内容、地域の限定等）や秘密の範囲についてはどうするのか等、難しい問題があり、あまりに制約の範囲が広範囲にわたる場合は、裁判所において、公序良俗に反するとして無効とされるおそれがあるので注意が必要です。

☞事例から読み解く

　競業避止義務の存続期間については、裁判例によると、1年以内であれば有効とされる傾向がありますが、2年以上の長期にわたる場合には無効と判断される傾向があるので、競業避止義務の存続期間を定める際には参考にしてください。

─《ポイント》─

　退職する従業員と競業避止義務や秘密保持義務に関する合意書面を取り交わす際には、その有効性を判断するにあたり、これまでの裁判例等の知識が必要不可欠となるので、後日、裁判所において無効とされないように、事前に社会保険労務士や弁護士等の専門家に相談することをおすすめします。

◎競業避止義務有効性判断のポイント

● 競業避止義務契約締結に際して最初に考慮すべきポイント：
企業側に営業秘密等の守るべき利益が存在する。
上記守るべき利益に関係していた業務を行っていた従業員等特定の者が対象。

● 競業避止義務契約の有効性が認められる可能性が高い規定のポイント：
競業避止義務期間が1年以内となっている。
禁止行為の範囲につき、業務内容や職種等によって限定を行っている。
代償措置(高額な賃金など「みなし代償措置」といえるものを含む)が設定されている。

● 有効性が認められない可能性が高い規定のポイント：
業務内容等から競業避止義務が不要である従業員と契約している。
職業選択の自由を阻害するような広汎な地理的制限をかけている。
競業避止義務期間が2年超となっている。
禁止行為の範囲が、一般的・抽象的な文言となっている。
代償措置が設定されていない。

● 労働法との関係におけるポイント：
就業規則に規定する場合については、個別契約による場合がある旨を規定しておく。
当該就業規則について、入社時の「就業規則を遵守します」等といった誓約書を通じて従業員の包括同意を得るとともに、十分な周知を行う。

出所：平成24年度 経済産業省委託調査「人材を通じた技術流出に関する調査研究報告書」（三菱UFJリサーチ＆コンサルティング）より抜粋

Q36 問題社員をいよいよ解雇したいのですが、その際の注意点について詳しく教えてください。

Ans. 解雇とは、使用者からの一方的な意思表示による労働契約の終了をいいます。しかし、使用者が従業員を解雇する場合には、以下の2つの要件を満たす必要があり、これらを満たさない場合には、解雇権の濫用として無効となります（労契法16条）。

❶ 客観的にみて合理的な理由があること

❷ 社会通念上相当であること

これを「解雇権濫用法理」といいます。

☞解 説

上記❶の要件は、解雇に該当する具体的事実が存在するかということです。

❷の要件は、従業員の情状（過去の勤務態度、処分歴、反省の態度、年齢・家族構成等）、他の従業員の処分との均衡、会社側の対応、落ち度等の事情に照らして、解雇がやむを得ないといえるか否かということです。

したがって、従業員を解雇する場合には、上記の❶と❷の要件を満たしているかを検討する必要があります。

☞事例から読み解く

解雇は非常にハードルが高く、裁判例等をみても、例えば、勤怠不良や横領等の犯罪行為に関しては、比較的認められやすいですが、能力不足や健康不良等、本人の努力では如何ともしがたい理由ではほとんど認められないのが現状です。

このため、問題社員については、いきなり解雇するのではなく、まずは軽い懲戒処分から重い懲戒処分へと処分実績を積み重ねていき、

それでも改善の見込みがない場合には退職勧奨を行い、あくまで退職勧奨に応じない場合には、最後の手段として、解雇を検討するという検討手順を確立しておいたほうがよいでしょう。

《ポイント》

　問題社員といっても、実際に解雇が認められるには非常にハードルが高いことから、後日のトラブルを防止するため、従業員を解雇するにあたっては、必ず事前に社会保険労務士や弁護士等の専門家に相談することをおすすめします。

◎解雇が有効となるための要件

| 1 | 客観的にみて合理的な理由があること |
| 2 | 社会通念上相当であるとして是認できる場合であること |

⬇ より具体的には

1.　客観的にみて合理的な理由があること

①	労働者の労務提供の不能や労働能力又は適格性の欠如・喪失
②	労働者の規律違反行為
③	経営上の必要性に基づく理由（整理解雇）

2.　社会通念上の相当性の判断要素

①	従業員の情状（過去の勤務態度、処分歴、反省の態度、年齢・家族構成等）
②	他の従業員の処分との均衡
③	会社側の対応、落ち度等

出所：菅野和夫『労働法第 12 版』（弘文堂）

Q37 社員を解雇するには解雇予告手当を支払う必要があると聞いたのですが、詳しく教えてください。

Ans. 会社が従業員を解雇しようとする場合には、原則として少なくとも30日前までに予告をしなければならないと定められています（労基法20条）。

「解雇予告手当」とは、会社が解雇する従業員に対して、上記の30日前の解雇予告をしなかった場合に、その従業員に対して支払うことが労基法上義務付けられている手当です。

☞解　説

解雇予告手当の金額は、以下の計算式で算出することができます。

平均賃金 ×（30日 － 解雇予告から解雇日までの日数）

原告どおり、30日前の解雇予告を行えば解雇予告手当を支払う必要はありませんが、解雇予告が遅れた場合には、該当する日数分の手当を支払う必要があり、即時解雇の場合には、30日分の平均賃金に相当する金額の解雇予告手当の支払が必要になります。

☞事例から読み解く

解雇予告手当は、解雇されて職を失う従業員に対し、少なくとも1か月分の給与を保障するという趣旨の制度です。

中小企業の経営者の中には、解雇予告手当さえ支払えば従業員を簡単に解雇できると勘違いしている人がいるようですが、前の項目でも解説したとおり、解雇は非常にハードルが高いので、十分注意してください。

《ポイント》

　従業員を解雇するには、解雇予告をするか、または解雇予告手当を支払うかのいずれかが必要となりますが、そもそも、**大前提として、解雇をすることができる事案なのか否かについて、冷静かつ慎重に検討することが必要**となります。

◎解雇予告の有無と解雇予告手当の相関図

　【例】従業員を3月31日に解雇しようとする場合

　●3月1日に解雇予告 ➡ 3月31日に解雇

3/1　　　　　　　　　　　　　　　　　　　　　　3/31

解雇予告期間　30日

解雇予告手当は不要

　●3月15日に解雇予告 ➡ 3月31日に解雇

　　　　　　　　　　　3/15　　　　　　　　　　3/31

解雇予告手当　15日	解雇予告期間　15日

解雇予告期間を15日短縮した分、解雇予告手当15日分支払

　●3月31日に即日解雇

　　　　　　　　　　　　　　　　　　　　　　　3/31

解雇予告手当　30日

解雇予告期間を30日短縮した分、解雇予告手当30日分支払

第**3**章

社員数**50名以上**の
会社における
人事労務管理

攻めの視点
（Q38 〜 Q45）

Q38 仕事を頼むと、「それは私の仕事ではありません」と いわれてしまいます。どうすればよいでしょうか？

Ans. 組織と集団の違いについて説明しましょう。会社は組織 であり、集団ではありません。組織とは一般的には共通の目的 を持った人が集まり、それぞれが自分の役割を果たしながら目 的を持って活動をする集合体です。他のメンバーが何らかの問 題で自分の役割を果たせない時には組織の目的を達成するため に自分の役割を超えて活動することが求められます。

　会社とは組織であり、ただ人が集まった集団ではないので会 社の目的（主に目標達成）に向けて協力してほしいと説明します。

☞**解　説**

　自分の仕事だけやっていればよいというのはある意味、当事者意識 に欠ける思考でありアルバイト的といわれても仕方のない状況です。

<table>
<tr><td style="text-align:center">集　団</td><td style="text-align:center">組　織</td></tr>
<tr><td></td><td></td></tr>
<tr><td style="text-align:center">ただ同じ空間にいる人の集まり</td><td style="text-align:center">同じ目的を持っている人の集まり</td></tr>
</table>

会社という組織の中で、自分はどのようなことを求められているのか
が考えられていないため、自分の仕事以外は関係ないと思ってしまっ
ているのです。

☞**事例から読み解く**

　例えば、甲子園を目指す野球部であれば、レギュラーメンバー、補
欠、マネージャーのみんなが自分の役割を理解し、自分の役割を全う
しようとするはずです。

　誰かが体調を悪くして休んだりすると、自然に他の誰かが休んだ人
の代わりに行動を起こすはずです。

　全員が「甲子園に行きたい」という共通の目標を達成するために、
自分ができることを考え行動を起こすからです。

　自分の仕事以外は知らないとなってしまうのは、「自分の役割しか
やらない野球部が甲子園に行けますか」というのと同じことです。

┌─《ポイント》─
　社員には、会社で働くことの意味と会社の目標をきちんと理解
してもらわなければなりません。管理職でも正しく部下にこのよ
うな説明をできない人が正直多くいます。まずは管理職がきちん
と自分の言葉で説明できるようにしっかりと理解する必要があり
ます。

　飲み会などの席が減ってきた影響もあり、コミュニケーション
が不足しているように思えます。以前であれば、上司や先輩と仕
事帰りにお酒を飲みに行き、このような話をしてくれたのですが、
最近は職場で仕事に直結した話ばかりになっています。会社で働
くことの意味をきちんと伝えましょう。

Q39 社員のやる気を引き出すには、どうしたらよいでしょうか？

Ans. 「やる気」よりも「動機」に着目し、動機付けを行うことにより、モチベーションマネジメントが可能となります。

　自分のやる気さえ引き出すことができないのに、他人のやる気を引き出すなんて無理に決まっている、とあきらめている人が多いのではないかと思います。

　「やる気」のコントロールは難しいですが、行動を起こすための「動機」は明確です。この「動機」をいかにマネジメントするかが「やる気」を引き出すキーポイントになります。動機をマネジメントする際に有効なものに「状況説明のスキル」があります。❶背景や状況を説明したうえで、❷この仕事の重要性と、❸それを実施することによるメリット、を伝えることで動機付けが促進されます。

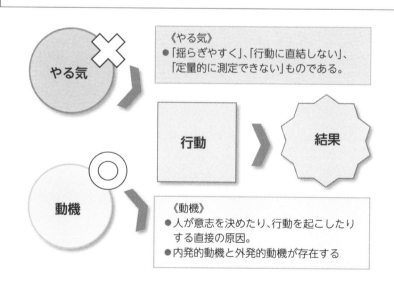

《やる気》
●「揺らぎやすく」、「行動に直結しない」、「定量的に測定できない」ものである。

やる気

行動　結果

動機

《動機》
●人が意志を決めたり、行動を起こしたりする直接の原因。
●内発的動機と外発的動機が存在する

☞**解　説**

　皆さんは、動機について考えたことがありますか？

　動機といえば、よくサスペンスドラマで「この犯人には動機がある！」なんて刑事さんがいったりします。まさに、人が行動を起こす際には必ずこの動機が存在するという考えに基づいたセリフです。

　例えば、「行動：早朝にランニングする ➡ 動機：痩せたい！」「行動：遊びに行くのを我慢する ➡ 動機：第一志望校に合格したい！」など、人の行動と動機には強い関係があるのです。

　これを仕事に置き換えると、その人にとっての「動機は何か」を見つけることにより、それに結び付ける形で動機付けを行い、その結果、行動につなげることが可能となります。

☞**事例から読み解く**

　例えば、ある企業の人事担当者（A氏）に、毎週月曜日に行われる全体朝礼の取りまとめと司会をやってもらいたいとします。しかしA氏は、毎週役員との調整が大変であることと、人前で話すことが苦手であるため、その仕事をなんとか回避したいと考えています。

　そんな場面で、あなたはどのように動機付けをすればよいでしょうか？

　「いいからやれ！　業務命令だ！」では、いやいやその仕事を作業としてこなすかもしれませんが、不満がたまり、モチベーションが下がることは目に見えています。

　この動機付けを意識して話をすると、以下のようになります。

課長　「Aさん、これから全体朝礼の取りまとめと司会をお願いしたいと考えているんですが、お願いできますか？」

A氏　「……私でなければだめでしょうか？　Bさんのほうが適任なのではないかと思いますが……」

課長　「全体朝礼というのは、経営トップのメッセージを直に聞

くことができる貴重な場です。この全体朝礼をどのように運営するかによって、社員のモチベーションは大きく変わるといわれています。だから、この全体朝礼の取りまとめという仕事は非常に重要な仕事なんです。

　そして、Aさんは採用の仕事頑張っていますね。学生への会社説明会を実施する際に、人前でもっとうまく話ができるようになりたい、といっていましたね。毎週の全体朝礼での司会は、Aさんにとって非常によい成長の機会になるのではないでしょうか？」

A氏　「……そんなこといいましたね。確かに毎週全社員の前で話すのはよい練習になるとは思いますが……」

課長　「あと、ちょうど来期の教育計画を立案するプロジェクトをおまかせしていますが、各部門の役員にヒアリングして部門の課題を引き出すには、全体朝礼を通していつも役員と調整をしていると、このプロジェクトも進めやすくなるのではないでしょうか？」

◎状況説明のスキル

背景・状況	その仕事をお願いする経緯や現状について説明する。
重要性	その仕事の重要性を理解させる。
メリット	その仕事を行った際の組織や個人にとってのメリットを伝える。
気持ち	そうしてもらえると助かるという素直な感謝の気持ちを伝える。

A氏　「……確かにその通りですね。やりたくはありませんが、
　　　私がやるのがよさそうですね。なんとか頑張ってみます」
課長　「そうしていただけると私としてもとてもうれしいです。
　　　難しいことがあれば私も協力しますから、一緒に頑張ってい
　　　きましょう！」
A氏　「わかりました！　よろしくお願いします」

　課長はその仕事がどのようにA氏の動機につながるかを論理的に
話しています。
　このように、相手をよく観察し、動機を見極めることにより、相手
の行動を引き起こさせることが可能となるわけです。
　動機付けには、外発的動機付けと内発的動機付けの2つがありま
す。
　外発的動機付けは、外からの刺激、つまりアメやムチがそれにあた
ります。例えば、「テストで100点とったらほしいものを買ってあげ
る（アメ）」などです。外発的動機付けはだんだん効果が薄くなり、
刺激を強くしなければいけない一過性のものです。
　内発的動機付けは、本人の内側にある欲求や達成感を刺激します。
例えば、「昨日はできなかった逆上がりができるようになってうれし
い」など、成長意欲や達成意欲といった人間が本来もっている欲求を
刺激するため、持続性が高く、一度そのサイクルが回りだすと自らモ
チベーションを生み出すことができるようになるのが特徴です。

《ポイント》
　「やる気」ではなく、「動機」に着目し、その行動がどのように
相手のメリットにつながるかを考えることが重要です。

Q40 部長に昇進させたら仕事がうまくいかなくなって悩んでいます。本人は頑張っているのですが……。

> **Ans.** 部長と課長とでは求められる役割が異なります。一般的に、課長は現場の最上位職であり、部長は経営の最下層という考えがあります。部長として求められている役割を理解したうえでもう一度仕事のやり方を考えてみましょう。

☞ **解　説**

多くの会社組織は管理職を置きますが、管理職の定義をしっかりとしていない会社も多くあります。質問は、課長のときの能力を評価して、部長としての仕事を期待したのではないでしょうか。ここで、一般的な「課長」と「部長」に求められることの違いを見ていきましょう。課長も部長も、ともにマネジメント力が求められています。では、課長と部長は同じようなマネジメント力を持っていればよいのでしょうか。

課長と部長に求められるマネジメント力には違いがあるのです。

☞ **事例から読み解く**

● 課長の仕事（役割）

課長に求められるマネジメント力は「実行管理」つまり「目標達成」です。会社（部長）から決められた目標を達成するために、課のメンバーや数字を管理することが求められます。

そのため、課長が自分自身で成果を上げてきた人であれば、そのノウハウなどをメンバーに共有し、うまくいかないメンバーがいれば悩みを聞き、モチベーションを維持させながら目標達成をしなければなりません。

「課長は現場の一番上」といわれたりもします。

●部長の仕事（役割）

　一方、部長に求められるマネジメント力は「戦略策定」や「目標設定」となります。「部長は経営陣の一番下」といわれたりもします。

　今すぐの目標達成というよりは、3 年～5 年先を見据えた中長期視点で会社や部門の進むべき方向を決めるのが部長の役割となります。

経営の最下層

部長

> 部長に求められるマネジメント力：戦略策定、目標設定
> 中長期視点で会社や部門の方向性を決定

現場の最上位

課長

> 課長に求められるマネジメント力：実行管理、目標達成
> 決められた目標を達成するために数字を管理

　このように課長と部長とでは求められている役割や能力が違うため、優秀な課長が優秀な部長になれるとは限らないのです。課長のうちから少しずつでも部長の仕事を経験させておかないと、「明日から部長」では、部長の果たすべき役割が果たせなくなってしまいます。

《ポイント》

　中小企業では見本となる管理職が不足しているのが現実です。また、経営者も管理職を経験したことがない人がいきなり起業し経営者になってしまうことも多いため、社長自身も管理職としての業務を正しく教えることができません。

　ただし、管理職の業務は学ぶことができ、学べば誰でも行うことができます。管理職の業務を正しく理解していない場合には、本を読んだり、セミナーに参加したりしてみるのもよいかもしれません。

Q41 わが社でも人事異動（ジョブローテーション）をやる という噂を聞きました。異動すると新たに仕事を覚え るまでに時間がかかり、成果が落ちてしまいます。な んのためにやるのでしょうか？

Ans. 人事異動の目的は多くあります。一時的に生産性が落ちた としても、将来のための組織づくりや人材育成、業績向上などを 考えると、人事異動を行うことは必要です。

人事異動を行うことで、より成果が出せる組織に変わることが できるからです。

☞**解　説**

人事異動を行う主な理由は以下のとおりです。

❶業務の引き継ぎを行うことで、個人のノウハウが可視化され、 組織知になる
❷仕事の棚卸しをすることで、無駄な作業を再発見できる
❸違う仕事を経験することで、マンネリが解消され、モチベーショ ンが上がる
❹他部門を経験することで、自部門だけでなく全社視点が持てる
❺他部門との関係ができているので、スムーズに部門間連携がで きる

☞**事例から読み解く**

人事異動をする際には必ず後任に業務を引き継ぐことになります。 その引き継ぎ作業の際にマニュアルの整備や個人のノウハウを他の人 へ引き継ぐことができ、無駄な作業があればなくすこともできます。

◎人事異動のメリット・デメリット

メリット	デメリット
多角的な視点が身に付く	専門性が身に付きづらい
社内にネットワークができて仕事がしやすくなる	希望の業務以外の仕事も一定期間行う必要がある
様々な職種が体験でき、自分の適性を見つけるチャンスになる	異動すれば、また新人状態となり、キャッチアップが大変

　部署が変われば一緒に働く仲間も変わり、業務内容や人間関係も変わるので、マンネリ感も解消されます。複数の部署を経験することで、その部署がどこを見て仕事をしているのか理解できたり、その部署の人達と人間関係を構築できるなど多くのメリットがあります。

《ポイント》

　人事異動は従業員からすると心理的負担が大きく、嫌がる社員も多くいます。そのため、多くの会社では人事異動をできずにいて、何年も同じ業務を続けている人もいます。

　経営を今だけで考えるのであれば、同じ業務をやっている人が作業をしてくれたほうが生産性は上がります。ただ、経営は将来も見て行わなければなりません。従業員の退職リスクや、将来的にマネジメント業務も担ってもらいたい人材がいるのであれば、人事異動を積極的に活用していきたいところです。

Q42 「仕事の内容をよく知らないくせに、適当に評価しようとする上司がゆるせません」と社員からクレームがありました。。

Ans. 評価は「人材育成」と「モチベーションアップ」により、会社やチームの業績向上を目的としています。

この人材育成やモチベーションアップを図るためには、部下の仕事ぶりや状況を把握して、適切なフィードバックを行う必要があります。部下の状況を把握せずに評価をすることは、部下からの信頼を失うことにもなりかねません。まずは部下の業務内容を把握しましょう。

☞解　説

被評価者（評価をされる人）の不満の多くが、正しく評価されていないという理由のようです。

一生懸命に自分の仕事をしていると思っていたとしても、他の人からすると、何をやっているのか正直よくわかっていないことが多いものです。

それは上司も同じことで、本来は各メンバーの業務量を把握しながら業務を割り振っていくことになりますが、意外と部下の業務内容を把握していないことが多いのです。

上司は部下の仕事を全部できる必要はありませんが、業務内容は理解しておく必要があります。

☞事例から読み解く

部下の業務を把握するためには、部下にマニュアルを作成してもらい、その内容を上司に説明してもらうことが考えられます。

その説明を受けることで、部下の業務内容や難易度、部下の工夫度

合いなどが見えてきます。また副産物として、その部下が突然の休職や退職となった場合でも、マニュアルがあれば引き継ぎ時に重宝します。また、部下を育成するうえで評価制度はとても重要です。

　期首に目標を定め（P）、期中に行動をし、それを評価者は確認（D）しながら、期末で振り返り（C）を行い、評価します（A）。

　この振り返りは人材育成ではとても重要であり、何ができて、何ができなかったのか、できなかった理由は何かを考えることで次の成長につながるのです。

《評価制度の目的》

　人事評価の目的には下記の4つがあるといわれています。

　部下の業務内容を把握していない人がその目的を達成することはありません。人材育成だけでなく、目標達成のための業績向上やメンバーのモチベーションアップ、評価に対する適正な処遇も現状の業務内容を把握しなければ実現することは難しいでしょう。

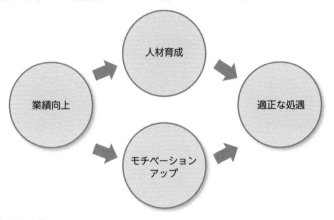

　―《ポイント》―――――
　　正しい評価をするためには、部下の業務内容を把握することが必要です。そのうえで業務をしっかりとやっていると認め、改善点があればきちんとフィードバックをすることで上司と部下の信頼関係が構築され、チームのパフォーマンスも向上していきます。

Q43 上長により評価にばらつきが出てしまいます。どうしたらよいでしょうか？

Ans. 評価にバラつきが出ないようにするためには、評価する際に陥りがちな罠を理解しておくことが重要です。

私たちが陥りやすい人事評価の罠には一定のパターンがあるので、そのパターンを先に知っておくと、意識的に回避できるようになります。

人事評価の罠とは、評価者が陥りやすい心理的誤差のことです。人が人を評価する以上発生してしまうものですが、これを最小限にするために、自分自身の傾向を把握して、それを意識することが必要です。

☞**解 説**

人により、価値観や考え方が違うように、評価にも癖があるのです。また、評価するときには、他者と比較する相対評価で実施すべきなのか、それとも基準に照らし合わせるような絶対評価なのかによって、評価に違いが生じがちです。

評価には以下の傾向があることを知っておいてください。

❶**ハロー効果**：何か一つでもよいことがあると、すべてよいと評価し、逆に何か一つでも悪いことがあると、すべて悪いと評価する

❷**イメージ評価**：例えば「彼（彼女）は仕事ができない」という（過去の）イメージだけで、今の評価をしてしまう

❸**寛大化傾向**：評価が甘く、高い評価点に集中する

❹**厳格化傾向**：評価が厳しく、低い評価点に集中する

❺**中心化傾向**：無難な標準（普通）の評価点に集中する

❻**極端化傾向**：少しよいと極端に高い評価点を、逆に少し悪いと極端に悪い評価点を付ける

❼**対比誤差**：会社が定めている評価基準ではなく、自分自身や特定の同僚と比較して評価する

❽**論理的誤差**：ある一つの評価から推論でもって他の評価に関連付け、具体的な事実を確認せずに評価する

❾**メイキング**：あらかじめ評価結果を決めておき、その結果に合わせるように逆算して評価する

☞**事例から読み解く**

よくある事例として、部下の評価をつける際に、部下から嫌われたくないという心理から中心化傾向、つまり無難な標準（普通）の評価点に集中する、ということがあります。

自分の評価の傾向を理解して公平公正な評価をつけることを心掛けるのと同時に、評価により「部下を育てる」という本質も改めて理解することが重要です。

よい評価をつければ、賞与といった目の前の報酬は高くなりますが、結果、実力が伴っていなければ将来的に成果を上げることができず、将来の報酬を高めることができません。それはその個人にとっても会社にとってもマイナスとなります。

《ポイント》

評価は公正公平であることが求められます。ある上司の元では高い評価になり、別の上司につくと低い評価になってしまうという状況では評価される側は納得いきません。

このような誤差を減らすためには、評価者研修や評価者間でズレをなくすための会議を行うことが重要です。

Q44 「プロフェッショナルを目指せ！」といわれますが、どんな状態になることがプロフェッショナルになるということなのでしょうか？

Ans. プロフェッショナルの語源は、ラテン語の professus。もともとは宗教用語で、神に対して告白、宣誓した人や神の託宣を受けた人を指し、最初は聖職者のみを指しました。

この単語を分けると「pro」と「fessus」になります。「pro」は「前に」という意味の接頭語で「fessus」は「言う」という意味です。「前に、言う」つまり、人の前で公言をする、宣言をするということです。

高い倫理観と技能を有していることを宣言する人のことを「プロフェショナル」と呼びます。

さまざまな世界にプロと呼ばれる人はいますが、共通していえるのは、「高い専門知識・技能を有し、発揮している」「高い倫理観・責任感を有し、体現している」。

つまり「**豊富な専門知識と経験**」「**高度なスキル・技術**」「**高尚なマインド**」の３つが揃っており、実績を残している人がプロとして認められているのではないでしょうか。

☞**解　説**

「豊富な専門知識と経験」「高度なスキル・技術」に加えて、「高尚なマインド」も重視されているのには理由があります。これは、スポーツや音楽、ビジネスすべての分野において、完全に個人だけで完結できることは少ないからだと考えています。

どのような分野でも、プロとして成果を出し続けるためには、上司や先輩といった成長のスピードを速めてくれる師匠の存在だったり、第三者の協力応援、サポートが必要不可欠です。

　このような周りの協力を得るためには、知識やスキルに加えて人間性といわれる「マインド」が重要になるということです。

☞ **事例から読み解く**

　メジャーリーガーの大谷翔平選手が評価されている理由を見てみると、投手としても打者としても研究し、経験を積み重ねてきたことによる「豊富な専門知識や経験」、才能に加えてたゆまぬ努力により「高度なスキル・技術」を保有していることが挙げられます。

　さらに、考え方や野球に取り組む姿勢といった「マインド」も高く評価されています。

　彼は人間性を磨き、運を呼び込むためにはどうすればよいかを考えて行動目標を設定しているのは有名です。

　例えば、彼が高校1年生のときに立てた目標設定シートには、「審判さんへの態度」「道具を大切に使う」「応援される人間になる」「感謝」など、考え方や取り組む姿勢についても明記されています。

《ポイント》

　プロフェッショナルとは、「豊富な専門知識と経験」「高度なスキル・技術」「高尚なマインド」の3つが揃っており、実績を残している人と前段で定義しましたが、経済産業省では人生100年時代を生き抜くためには、業界等の特性に応じた能力と、社会人としての基盤能力の2つに分けて定義しています。前者を常にアップデートが必要な「アプリ」、後者を絶えず持ち続けることが必要である「OS」と表現しています。

　さらに社会人としての基盤能力は「社会人基礎力」と「キャリア意識、マインド」に分けられ、社会人基礎力は、①前に踏み出す力、②考え抜く力、③チームで働く力の3つに分解されます。まさに、この考えはプロフェッショナルの定義と共通します。

プロフェッショナルマインド

　プロフェッショナルとは、「知識」や「スキル」を保有していることは当然ですが、それに加えて「プロフェッショナルマインド」も重要な要素となることがわかります。

　この「プロフェッショナルマインド」とはどのようなものがあるのでしょうか？

　ビジネス・プロフェッショナルに限定していうと、次の6つのマインドが定義されています。

❶顧客マインド

　お客さまに満足していただくことが最初で、それが売上につながる。この満足を増やしていくためのアイデアや工夫を考え続けること。

❷組織マインド

　会社という組織は、共通の目的にために集まったチームであるという意識。そして、その組織の一員として貢献することが求められている。社会ではその組織（チーム）の代表として見られているという意識を持つこと。

❸目標達成マインド

　会社の目標と個人の目標が連鎖していること。自分の目標達成がチームの目標達成につながり、チームの目標達成が会社の目標達成につながること。

❹コストマインド

　売上を上げるだけではなく、組織として利益を増やしていかなければ、お客さまの満足を増やすための新たな投資や、そこで働くメンバーの環境をよくすることはできない。そのため、1人あたりの利益を高めるために、最小限のコストで最大のパフォーマンスを出すことを考えること。

❺協働マインド

　会社という組織も個人も、自分だけがよければいい、といった姿勢ではいつか仲間から協力してもらえなくなり、存続することが難しくなる。そのため、個人であればメンバーを助ける、前工程、後工程を考える。会社としては、自分の会社だけではなく、取引先や、地域社会、もっと広く言えば地球環境へ配慮していくということ。

❻改善マインド

　組織（チーム）の共通の目標を達成するために、一人一人が成長し、やり方を改善していくこと。

　専門知識や高度なスキルを身に付けるのと同時に、上記の6つのマインドを常に意識しながら仕事をすることで、自他ともに認めるプロフェッショナルになることができるのです。

119

Q45 わが社もそろそろ退職金制度を整備しないといけないと考えています。その際の要点を教えてください。

Ans. かつては退職金制度を設けることにより、人材の定着や採用が有利に働くというのが定説でしたが、最近では人材の流動化が進み、必ずしも退職金制度が有効な施策とは限らなくなってきています。退職金制度を設ける目的を考えてから制度を設けるかどうか判断しなければなりません。

☞**解　説**

　今は雇用の流動化も進み、定年まで同じ会社で働き続ける人も少なくなってきています。将来の報酬よりも今の報酬に関心が高まってきています。副業や兼業など新しい働き方が促進されてきています。

　退職金制度はこうした世の中の流れを考慮して検討する必要があるでしょう。

☞**事例から読み解く**

　退職金を検討するのであれば、退職金制度導入のメリットは下記のことが挙げられます。

❶採用時に退職金があることで採用を有利に進められる
❷従業員の長期勤続意欲を向上させることができる
❸早期退職を促す際に交渉する要素として活用できる

　最近は退職金の代わりに、現役で働いてもらっているときに活用できる福利厚生に力を入れ、人材の定着を図る会社もあります。若い世代だと何十年後の退職金より、今利用できる福利厚生が魅力的に見えることも影響しているかもしれません。

《ポイント》

　退職金は手段であって、導入することが目的ではないはずです。退職金制度を導入することでどういった効果を期待するのかを考え、その効果は退職金でないと得られないのか、福利厚生などで代替できないかを検討しましょう。

　退職金も退職一時金だけでなく、確定拠出年金などの退職年金制度や一時金制度と年金制度の併用をしている会社も多くあります。また、中小企業退職金共済制度（以下「中退共」）を活用すれば、掛金の一部を国から助成してもらえて、掛金も非課税となっています。

◎退職金等の種類

	中途退職時の給付	年金での給付	給付額の確定
退職一時金	あり	なし	会社が約束
確定給付企業年金	あり	なし	会社、基金が約束
確定拠出年金	原則61歳以降	あり	運用次第
前払退職金	給与とともに受取	なし	自己責任
中退共	あり	分割あり	中退共が約束

守りの視点
（Q 46 ～ Q 56）

Q 46 社員がうつ病になって休職することになったのですが、休職制度について教えてください。

Ans. 休職とは、従業員に労務提供が不能又は困難な事由が生じた場合に、会社がその従業員に対し、労働契約を存続させつつ労務提供を免除又は拒否することをいいます。

　休職制度は、労基法等の法令で定められた制度ではありませんので、必ずしも休職制度を定める必要はありませんが、労働契約を維持しながら従業員に治療等の機会を与え、その結果、休職期間満了までに治癒するなどして休職事由がなくなれば復職してもらい、他方、休職期間が満了しても治癒しなければ退職してもらうことになります。

☞**解　説**

　もし休職制度がない場合には、解雇を検討することになります。解雇が認められるためには、客観的にみて合理的理由が存在し、社会通念上の相当性も必要とされるので、ハードルが高いのが現状です。

　そこで、休職制度を就業規則に規定し、休職期間満了までに休職事由がなくならない場合に「自然退職」となるように規定しておくことで、解雇に伴うリスクをある程度回避することが可能となるのです。

☞**事例から読み解く**

　休職制度を採用していれば、すべてのリスクが回避できるというわけではありません。インターネット等で見つけたひな形をそのまま利

用しているような場合には、特に注意が必要です。

　例えば、休職期間が中小企業にとっては不相応に長期である場合や就業規則のひな形が古く、昨今社会問題となっているメンタルヘルス不調の問題に対応できていない場合等です。

《ポイント》

　休職制度は、メンタルヘルス不調者等の問題に適切に対応でき、解雇に伴うリスクをある程度回避することが可能となるので、休職制度自体は就業規則に必ず規定しておくべきでしょう。

　ただし、休職制度を規定したからといってリスクが全くなくなるわけではないので、社会保険労務士や弁護士等の専門家に相談して、「治癒」の定義を明確にすることや復職の取り消しに関する規定を設けること、休職期間満了時に休職事由が消滅しない場合は「解雇」ではなく「自然退職」とする等、休職制度に関する規定をあらかじめ見直しておくことをおすすめします。

◎**休職規定のポイント**

1	「治癒」の定義を明確にすること
2	休職期間に会社の裁量の余地を入れること
3	休職期間を会社の規模に応じた期間にすること
4	休職期間中の取扱い（賃金等）を明確にすること
5	復職の際に医師の意見を聞くことができるようにすること
6	復職の取消しに関する規定を設けること
7	休職期間満了時までに休職事由が消滅しない場合は「自然退職」とすること

Q47 社内でメンタルヘルス不調者が増えてきているのですが、会社がとるべき対処法について教えてください。

Ans. 労働契約法（労契法）には、「使用者は、労働契約に伴い、労働者がその生命、身体等の安全を確保しつつ労働することができるよう、必要な配慮をするものとする」（労契法5条）として、いわゆる安全配慮義務が規定されています。

健康診断等の結果により、従業員のメンタルヘルス不調が発覚したときには、会社は、医師の意見を聞いて、勤務負荷を軽減したり、勤務させない等の措置をとらなければなりません。

また、医療機関への受診勧奨や保健師による保健指導を行う等の措置をとらなければなりません。

場合によっては、会社が当該従業員に対して休職を命じる必要があります。

☞**解 説**

従業員には労働契約に基づき労務提供の義務があるため、メンタルヘルス不調等により労務提供が不完全な場合、会社は、従業員の労務提供を拒否することができます。

具体的な労務提供拒否の方法は、会社が従業員に対して休職を命ずることです。その前提として、労務提供が不完全な場合には休職事由となることを就業規則等においてあらかじめ規定しておかなければなりません。

なお、休職制度については、Q46で詳しく説明しています。参考にしてください。

◎心の健康づくり計画の策定

4つのケア

セルフケア

　事業者は労働者に対して、次に示すセルフケアが行えるように教育研修、情報提供を行うなどの支援をすることが重要です。

　また、管理監督者にとってもセルフケアは重要であり、事業者はセルフケアの対象として管理監督者も含めましょう。

* ストレスやメンタルヘルスに対する正しい理解
* ストレスチェックなどを活用したストレスへの気付き
* ストレスへの対処

ラインによるケア

* 職場環境等の把握と改善
* 労働者からの相談対応
* 職場復帰における支援、など

事業場内産業保健スタッフ等によるケア

　事業場内産業保健スタッフ等は、セルフケア及びラインによるケアが効果的に実施されるよう、労働者及び管理監督者に対する支援を行うとともに、次に示す心の健康づくり計画の実施に当たり、中心的な役割を担うことになります。

* 具体的なメンタルヘルスケアの実施に関する企画立案
* 個人の健康情報の取扱い
* 事業場外資源とのネットワークの形成やその窓口
* 職場復帰における支援、など

事業場外資源によるケア

* 情報提供や助言を受けるなど、サービスの活用
* ネットワークの形成
* 職場復帰における支援、など

出所：『職場における心の健康づくり〜労働者の心の健康の保持増進のための指針〜』（厚生労働省）

《ポイント》

　メンタルヘルス不調者に適切に対応するには、あらかじめ就業規則等に詳細な休職制度を規定しておく必要があります。就業規則等の改定にあたっては、社会保険労務士や弁護士等の専門家に相談することをおすすめします。

Q 48 社員が 50 人以上になると、ストレスチェックや産業医の選任などを実施しなければならないと聞いたことがあるのですが、詳しく教えてください。

Ans. 従業員が 50 人以上の事業所では、毎年 1 回、ストレスチェックをすべての従業員に対して実施し、毎年、労働基準監督署に所定の様式で報告することが義務付けられています（労働安全衛生法〈以下「安衛法」〉66 条の 10）。

産業医については、「常時 50 人以上の労働者を使用する事業所ごとに医師のうちから産業医を選任しなければならない」（安衛法 13 条）と規定されています。

事業者は、事業場で常時使用する労働者が 50 人以上になった場合、14 日以内に産業医を選任し、労働基準監督署に報告書を提出しなければなりません。

☞ **解　説**

ストレスチェックとは、ストレスに関する質問票に従業員が記入し、それを集計・分析することで、自分のストレスがどのような状態にあるのかを調べる検査です。

ストレスチェック制度や産業医の制度が導入されたのは、従業員が自分のストレスの状態を知ることで、ストレスをためないように対処したり、高い状態の場合は医師から助言をもらうなど、「うつ」などのメンタルヘルス不調を未然に防止するためです。

産業医は、労働者の健康管理等が職務内容で、少なくとも毎月 1 回事業所等を巡視しなければならないことになっています（一定の条件を満たせば 2 か月に 1 回）。

《ポイント》

　従業員が 50 人以上になると安衛法上の義務が新たに発生することになるので、従業員の人数が 50 人以上になる前に、あらかじめ社会保険労務士に相談することをおすすめします。

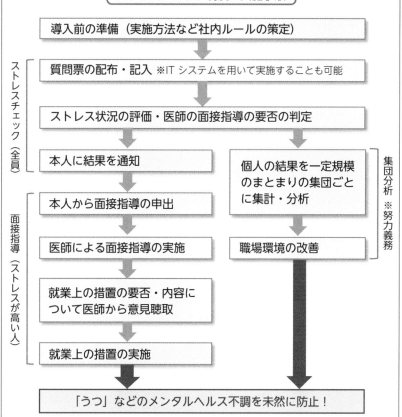

ストレスチェックと面接指導の実施状況は、毎年、労働基準監督署に所定の様式で報告する必要があります。

出所：『簡単！ ストレスチェック制度導入マニュアル』（厚生労働省）

Q 49 セクハラは該当性の判断が難しいと聞いたのですが、セクハラの定義や判断基準について教えてください。

> **Ans.** セクシャル・ハラスメント（セクハラ）とは、相手方の意に反する性的言動です。そのうち、職場において、労働者の意に反する性的な言動が行われ、❶それを拒否したことで解雇、降格、減給などの不利益を受けること、❷職場の環境が不快なものとなったため、労働者が就業するうえで見過ごすことができない程度の支障が生じることを「職場におけるセクシュアルハラスメント」といいます（男女雇用機会均等法 11 条 1 項)。

☞ **解　説**

　職場のセクハラには、「対価型」と「環境型」があります。

　対価型セクハラとは、職場において行われる労働者の意に反する性的な言動に対する労働者の対応により、当該労働者が解雇、降格、減給等の不利益を受けることです。

　環境型セクハラとは、職場において行われる労働者の意に反する性的な言動により、労働者の就業環境が不快なものとなったため、能力の発揮に重大な悪影響が生じる等当該労働者が就業するうえで看過できない程度の支障が生じることです。

　被害者が女性である場合には、「平均的な女性労働者の感じ方」を基準とし、被害を受けた労働者が男性である場合には、「平均的な男性労働者の感じ方」を基準とすることが適当と考えられます。

☞ **事例から読み解く**

　対価型セクハラの例としては、例えば、出張中の車中において上司が部下である女性従業員の体を触ったが、抵抗されたため、当該従業員に対し、その意に反する不利益な配置転換等をすることです。

　環境型セクハラの例としては、例えば、従業員が抗議しているにもかかわらず、事務所内に女性のヌードポスターを掲示しているため、当該従業員が苦痛に感じて業務に専念できないなどです。

◎職場におけるセクシュアルハラスメントの類型

	内容	典型的な例
対価型セクハラ	労働者の意に反する性的な言動に対する労働者の対応（拒否や抵抗）により、その労働者が解雇、降格、減給、労働契約の更新拒否、昇進・昇格の対象からの除外、客観的に見て不利益な配置転換などの不利益を受けること。	●事務所内において事業主が労働者に対して性的な関係を要求したが、拒否されたため、その労働者を解雇すること。 ●出張中の車中において上司が労働者の腰、胸などに触ったが、抵抗されたため、その労働者について不利益な配置転換をすること。 ●営業所内において事業主が日頃から労働者に係る性的な事柄について公然と発言していたが、抗議されたため、その労働者を降格すること。
環境型セクハラ	労働者の意に反する性的な言動により労働者の就業環境が不快なものとなったため、能力の発揮に重大な悪影響が生じるなどその労働者が就業するうえで看過できない程度の支障が生じること。	●事務所内において上司が労働者の腰、胸などに度々触ったため、その労働者が苦痛に感じてその就業意欲が低下していること。 ●同僚が取引先において労働者に係る性的な内容の情報を意図的かつ継続的に流布したため、その労働者が苦痛に感じて仕事が手につかないこと。 ●労働者が抗議をしているにもかかわらず、同僚が業務に使用するパソコンでアダルトサイトを閲覧しているため、それを見た労働者が苦痛に感じて業務に専念できないこと。

労働者：正規雇用労働者のみならず、パートタイム労働者、契約社員などいわゆる非正規雇用労働者を含む、事業主が雇用する全ての労働者をいう。
性的な言動を行う者：事業主、上司、同僚に限らず、取引先等の他の事業主又はその雇用する労働者、顧客、患者又はその家族、学校における生徒等もなりうる。

《ポイント》

　セクハラには大きく分けて2種類あり、それぞれの定義や判断基準が異なるので、実際にどのようなケースがセクハラに該当するかの判断については、社会保険労務士等の専門家に相談することをおすすめします。

Q50 社内でセクハラ事案が発生したのですが、会社が負う法的責任について教えてください。

Ans. 男女雇用機会均等法によれば、会社は、セクハラを防止するため、「労働者からの相談に応じ、適切に対応するために必要な体制の整備その他の雇用管理上必要な措置」を講じなければならないとされています（男女雇用機会均等法11条1項）。会社が雇用管理上の措置義務に違反した場合、厚生労働大臣又は都道府県労働局長から報告を求められ、又は助言、指導若しくは勧告をされることがあります（同法29条）。

性的な言動が、性的自由、行動の自由、名誉・プライバシー等の人格的利益を侵害する場合、加害者のセクハラ行為は、民法709条の不法行為に該当し、**従業員を使用する会社も使用者責任として損害賠償責任を負う可能性**があります（民法715条1項）。

会社がセクハラ行為を防止する措置等を怠っていた場合は、会社が職場環境配慮義務違反による損害賠償責任を負う可能性もあります（労契法5条、民法415条）。

☞ **解　説**

近年は、セクハラ発生後の会社側の対応の不備を理由に、会社独自の責任である職場環境配慮義務違反を認める裁判例も増えてきていますので、注意が必要です。

☞ **事例から読み解く**

セクハラと思われる事案が発生した場合、真っ先に問題となるのが、事実関係の確定です。セクハラは、多くの場合、被害者と加害者が2人きりの場面で行われるため、被害者から申告される事実と加害者とされる者の供述内容が一致することはほとんどありません。

　この点、被害者にとってセクハラの事実の公表は、通常不利益になることはあっても利益になることは少ないため、被害者側に何か別の具体的な意図・動機があるような特別な場合を除き、わざわざ虚偽の事実を申告して、加害者を貶めることは少ないと考えるべきであるといわれています。

　もっとも、被害者に何か特別な意図や動機がある可能性は皆無ではないですし、人間の記憶や認識は往々にして曖昧かつ主観的なことがありますので、セクハラの事実認定にあたっては、被害者の申告内容の説得力（具体性・一貫性・迫真性等）を可能な限り慎重に検証する作業が必要となるでしょう。

　なお、事実認定の過程において、特に被害者のプライバシーを最優先にしなければならないことは当然であり、加害者とされる者や第三者に対するヒアリングについても、逐一、被害者の承諾を得てから行うという配慮は必須です。

《ポイント》

　社内でセクハラ事案が発生した場合には黙殺することなく、速やかに関係者の事情聴取、事実認定及び加害者の処分の検討等に着手すべきです。さもないと、前記のとおり、会社の法的責任を問われることになりかねません。

◎**セクハラ事案が発生した場合の会社の責任**

1	男女雇用機会均等法上の責任
2	民事上の損害賠償責任（使用者責任・職場環境配慮義務違反等）
3	道義的責任（レピュテーションリスク※の問題）

レピュテーションリスク（reputation risk）：会社に対するネガティブな情報（評価）が広まった結果、会社の信用やブランド価値が低下して損失を被るリスクのこと。

Q51 職場でパワハラと思われる事案が発生したのですが、パワハラの定義や類型、パワハラか否かの判断基準について詳しく教えてください。

Ans. パワハラとは、「同じ職場で働く者に対して、職務上の地位や人間関係などの職場内の優位性を背景に、業務の適正な範囲を超えて、精神的・身体的苦痛を与える又は職場環境を悪化させる行為」と定義されています。

パワハラの類型には、以下の6つがあります。

❶身体的攻撃：暴行・傷害

❷精神的攻撃：脅迫・名誉毀損・侮辱・暴言

❸人間関係からの切り離し：隔離・仲間はずし・無視

❹過大な要求：業務上明らかに遂行不可能なことの強制

❺過小な要求：業務上の合理性なく、能力や経験とかけ離れた程度の低い仕事を命じることや仕事を与えないこと

❻個の侵害：私的な領域に過度に立ち入ること

☞ **解　説**

パワハラと指導教育の境界線は、「従業員に対する注意、指導として社会通念上許容される範囲」を超えるか否かです（三菱電機コンシューマーエレクトロニクス事件）。

パワハラで慰謝料が発生する基準は、「人間関係、当該行為の動機・目的、時間・場所、態様等を総合考慮のうえ、職務上の地位・権限を逸脱・濫用して、社会通念に照らして客観的な見地からみて、通常人が許容しうる範囲を著しく超えるような有形・無形の圧力を加える行為をしたと評価される場合」とされています（ザ・ウィンザー・ホテルインターナショナル事件）。

☞**事例から読み解く**

　従業員の人格権を侵害することなく、業務の範囲内の指導・叱咤督
励目的の場合は、程度の問題はありますが、原則として、パワハラに
は該当しません。

　他方、「面談時に大きな声を出し、人間性を否定するかのような不
当な表現を用いて叱責」するなど、専ら人格を否定するような言動が
あったか、嫌悪の感情が出た言動があったか、長時間・長期間にわた
る叱責があったかという点に注目することが重要です。

　このような言動は、もはや指導教育ではなく、パワハラに該当する
と判断されます。

┌─《**ポイント**》──────────────────────

　パワハラか指導教育か、いずれに該当するかの判断が微妙な事
案も多いと思いますので、社内でパワハラと思われる事案が発生
した場合には、必ず社会保険労務士や弁護士等の専門家に相談す
ることをおすすめします。

◎**職場におけるパワーハラスメント**

3要素	内　容
優越的な関係を背景とした言動	業務を遂行するにあたって、当該言動を受ける労働者が行為者とされる者に対して抵抗や拒絶することができない蓋然性が高い関係を背景として行われるもの。
業務上必要かつ相当な範囲を超えた言動	社会通念に照らし、当該言動が明らかに当該事業主の業務上必要性がない、又はその態様が相当でないもの。
労働者の就業環境が害される	当該言動により、労働者が身体的又は精神的に苦痛を与えられ、就業環境が不快なものとなったために能力の発揮に重大な悪影響が生じる等の当該労働者が就業するうえで看過できない程度の支障が生じること。 この判断にあたっては、「平均的な労働者の感じ方」、すなわち、同様の状況で当該言動を受けた場合に、社会一般の労働者が、就業するうえで看過できない程度の支障が生じたと感じるような言動であるかどうかを基準とすることが適当。

Q52 職場でハラスメントと思われる事案が発生した場合、具体的な対処法を教えてください。

Ans. 事実関係の確認をすることが最優先事項です。その後、認定した事実関係に基づいて被害者及び加害者に対する措置を検討・実行したうえで、最後に、会社としての再発防止策を検討することになります。

　会社において、ハラスメントと思われる事案が発生した場合、次の点に留意しながら適切な対応を進めていくことが重要です。

❶ハラスメント行為の有無を確認する

❷聞き取りに際して

❸配置転換について

❹「加害者」への対応について

☞**解　説**

❶ハラスメント行為の有無を確認する

　まずは、相談してきた「被害者」から事情を聞きます。ハラスメントに関する相談の場合、「被害者」の申し出が勘違いであったり、事実に反するものである場合もあります。あくまで会社側としては、公平な立場で冷静にヒアリングを行うことが重要です。

　また、ハラスメントに関しては、「言った」「言わない」の水掛け論になることが多いので、メールや音声などの客観的な証拠があるのかどうかについても、「被害者」から聞き取るとよいでしょう。

❷聞き取りに際して

　ハラスメントの相談に際して一番重要なのは、「会社がきちんと話を聞いた」という事実です。被害を申し出た「被害者」は、センシティブになっていることが多いので、会社側はヒアリングの際に「調査す

◎ハラスメント対応の流れとポイント

1	相談窓口	● 相談者の秘密が守られることや不利益な取り扱いを受けないこと、相談窓口でどのような対応をするか明確にしましょう。 ● 1回の相談時間は長くても50分程度としましょう。
2	事実関係の確認	● 相談者の了解を得たうえで、行為者や第三者に事実確認を行いましょう。 ● 相談者と行為者の意見が一致しない場合に、第三者に事実確認を行いましょう。
3	行為者・相談者へのとるべき措置の検討	● 以下の要素を踏まえて、検討しましょう。 相談者の被害の大きさ／事実確認の結果／行為者または相談者の行動や発言に問題があったと考えられる点／就業規則の規定／パワハラについての裁判例 ● 対応としては、行為者または相談者への注意、行為者からの謝罪、人事異動、懲戒処分などが考えられます。
4	行為者・相談者へのフォロー	● 相談者・行為者の双方に対して、会社として取り組んだことを説明しましょう。 ● 行為者の行動や発言にどのような問題があったかを伝え、同様の問題が起こらないようフォローアップしましょう。
5	再発防止策の検討	● 再発防止策は予防策と表裏一体です。予防策に継続的に取り組むことで再発防止につなげましょう。

る」という態度ではなく「親身に相談に乗る」という姿勢で臨むことが望ましいでしょう。会社側が丁寧に話を聞いてくれた、というだけで「被害者」の気持ちが収まる場合も多々あります。

　もっとも、「被害者」によっては、自分が不当な扱いを受けていると思い込んでいる場合もありますので、共感を示しつつ聞き取りを行うことは大事ですが、「被害者」に誤った見通しを与えないよう、ハラスメントに該当するかどうかの判断は容易ではないということを示すことも必要です。

　真摯な態度でヒアリングを行い、そのうえで「いつ、どこで、何

があったのか、被害者は他にいないか、裏付ける証拠はあるか、相談している同僚はいないか」等、必要な情報を補足的に質問するとよいでしょう。ヒアリングした内容については、それらの事実がハラスメントにあたるのかどうかの判断材料にもなりますし、今後対応していくうえでの証拠にもなるので、きちんと記録をとっておきます。

❸配置転換について

　ハラスメントに対する解決方法の1つとして、配置転換がありますが、業務上の指導が行き過ぎてパワハラになった場合、その都度配置転換をしていたのでは、根本的な解決にならず、きりなく配置換えをしなくてはいけないことにもなりかねません。

　また、自分の業務（配置先）が気に入らないという理由で、パワハラを申し立てる従業員が存在することも事実です。あくまで配置転換については、最後の手段として検討したうえで、まずは再発防止策を検討することをおすすめします。

　なお、配置転換をする場合には、「被害者」の意向をよく聞き取り、「私（被害者）だけが配置転換されて損をした」という心情にならないよう、配慮が必要です。

❹「加害者」への対応について

　万一、紛争に発展した場合、会社がきちんと事実関係を把握したうえで、ハラスメント行為があった場合に、加害者に注意・指導をしたかどうかが問題となります。

　パワハラに関する判例（大阪地裁平成26年4月11日・大裕事件）において、裁判所は、会社の責任として「（労働者の）生命及び身体等に対する安全配慮義務（労契法第5条）を負っている」、「その安全配慮義務の一内容には、労働者が就労するのに適した職場環境を保つように配慮する義務も含まれる」と述べ、会社が、加害者に対し適切な注意・指導をしていればパワハラ行為の発生を防ぐことは可能で

あったとして、会社の対応の問題点を指摘しています。

　穏便に事を解決したいという会社側の気持ちも十分理解できますが、「被害者」から聞き取った事実関係を考慮して、「加害者」に行き過ぎた点がある（加害者の行為がパワハラと認定できる）ようであれば、それはやはり「加害者」にフィードバックし、反省を促すことが必要だと考えます。ただし、「加害者」の立場や気持ちも考えて、伝えるタイミングや伝え方に配慮するとよいでしょう。

☞事例から読み解く

　ハラスメントの相談があった場合、初動対応が非常に重要になります。対応が遅くなればなるほど、被害を訴えた「被害者」は気分を害しますし、職場のハラスメントは、直接の「加害者」「被害者」だけの問題ではなく、周囲の従業員や会社全体に関する問題でもあります。対応方法を間違えると、問題をこじらせてしまううえに、ハラスメントに関する間違ったうわさが広まるなど、被害が拡大するおそれもあるからです。

《ポイント》

　ハラスメントがあった場合の対応として大切なのは、加害者の処罰ではなく、

❶職場がその後の「被害者」にとって安全かつ快適な環境になっているか

❷「加害者」がまた同様の問題を起こさないか

❸第二、第三の加害者・被害者が生じないような職場環境になっているか

　ということです。問題の発生を職場環境の改善のよいきっかけだととらえて、対応することが会社にとって一番の解決になると考えます。

Q53 「同一労働・同一賃金」という言葉を聞いたことがあるのですが、どういうことなのか教えてください。

Ans. 同一労働・同一賃金とは、同じ仕事をしているのであれば、正社員であるか、非正規社員であるかを問わず、同一の賃金を支払わなければならないという考え方をいいます。

同じ会社の中で、正社員とそれ以外の非正規社員とで、基本給・諸手当・その他の福利厚生等の個々の待遇ごとに不合理な差別をしてはいけないということになります。

対象者は、以下の3種類の従業員です。

❶パートタイム社員

❷有期契約社員

❸派遣社員

☞**解 説**

まず、「均等待遇」ということで、以下の2点が同じ場合は待遇面で同じ取扱いをする必要があります。

❶ 職務内容＋責任の程度
❷ 職務内容・責任の程度及び配置変更の範囲

また、「均衡待遇」ということで、以下の3点に、違いに応じた範囲内で待遇を決定する必要があります。

❶ 職務内容＋責任の程度
❷ 職務内容＋責任の程度及び配置変更の範囲
❸ その他の事情

☞事例から読み解く

　同一労働同一賃金が争われた一連の裁判では、賞与と退職金については、正社員と非正規社員とで、異なる取扱いをしても法令に違反しないとの結論が出されました。これは、賞与や退職金は、賃金の後払い的性格、功労褒賞的性格、正社員に有為な人材確保・定着の目的、正社員の長期雇用に対するインセンティブ等、複合的な性質・目的を有することが原因といわれています。

　他方、他の諸手当等については、賞与や退職金と異なり、趣旨が単一で、当該趣旨や目的に照らすと、「職務の内容及び変更の範囲」の相違には関係なく、当該趣旨や目的が妥当するものであったことから、正社員と非正規社員とで、異なる取扱いをすることは法令に違反すると判断されました。

―《ポイント》―

　以上を参考に、賞与と退職金以外の諸手当や休暇については、基本的には、正社員と非正規社員とで異なる取扱いをすることは不合理であると判断される可能性が高いため、必要に応じて見直しが必要と考えられます。

　他方、一概にはいえませんが、賞与と退職金については、現時点では、正社員と非正規社員とで異なる取扱いをしたとしても直ちに不合理であると判断される可能性は低いものと考えられます。

◎不合理性判断の4要素について差異を出す際の視点

　一連の最高裁判例を踏まえ、不合理性判断の4要素について差異を出す際の視点を、参考までに掲載します。

視点（考慮要素）	内　　容
①業務の内容の差異	業務内容や役割における差異の有無及び程度 ➡特に量的な差異よりも、質的・難易度的な差異が重要 ※職務分掌の明確化や職務分析が有用
②責任の範囲の差異	業務に伴う責任の差異の有無及び程度、人事考課の差異 ➡単独で決裁できる金額の範囲、管理する部下の人数、決裁権限の範囲、職場において求められる役割、トラブル発生時や臨時・緊急時に求められる対応、売上目標、成果への期待度、業績や成果に対する責任の有無・程度、責任の差異が人事考課に反映されているか、数字に伴う「結果」について責任を負う立場か、上司の指示を守るなどの「行動」責任を負う立場かなど
③配置変更範囲の差異	職務内容（不合理性判断の4要素の①＋②）及び配置変更の範囲の差異→配転（職務や職種変更、転勤）、出向、昇格、降格、人材登用等における差異（実態重視）
④その他の事情	労働組合やその他労使間での交渉状況、社員への説明状況、労使慣行、経営状況、正社員登用制度等の処遇向上に通じる措置の実施状況や実績など

出所：『労政時報第4004号』より

◎改正の概要：雇用形態に関わらない公正な待遇の確保
（パートタイム労働法、労働契約法、労働者派遣法の改正：2020.4.1 施行）

❶不合理な待遇差の禁止

- 同一企業内において、正規雇用労働者と非正規雇用労働者の間で、基本給や賞与などあらゆる待遇について不合理な待遇差を設けることを禁止。
- 裁判の際に判断基準となる「均衡待遇規定」「均等待遇規定」を法律に整備。
- 均衡待遇規定の解釈の明確化のため、ガイドラインを策定。

❷パートタイム労働者・有期雇用労働者

- 均衡待遇規定の内容（不合理な待遇差の禁止）
職務内容※、職務内容・配置の変更範囲、その他の事情の内容を考慮して不合理な待遇差を禁止
- 均等待遇規定の内容（差別的取扱いの禁止）
職務内容※、職務内容・配置の変更範囲が同じ場合は、差別的取扱い禁止
　※職務内容とは、業務の内容＋責任の程度をいう。

❸派遣労働者

次のいずれかを確保することを義務化。
- 派遣先の労働者との均等・均衡待遇
- 一定の要件を満たす労使協定による待遇
　※あわせて、派遣先になろうとする事業主に対し、派遣先労働者の待遇に関する派遣元への情報提供義務を新設。

【改正前➡改正後】○：規定あり　△：配慮規定　×：規定なし　◎：明確化

	パート	有期	派遣
均衡待遇規定	○→◎	○→◎	△ → ○ ＋ 労使協定
均等待遇規定	○→○	×→○	× → ○ ＋ 労使協定
ガイドライン（指針）	×→○	×→○	×→○

出所：厚生労働省

Q54 社員数が一定数以上の会社には障害者の雇用義務があると聞いたのですが、詳しく教えてください。

Ans. 障害者雇用促進法に基づき、社員数が一定人数以上の会社には、法定雇用率以上の人数の障害者の雇用が義務付けられています。同法では、身体障害、知的障害、精神障害、車椅子の利用等を理由とした採用拒否や、障害者であることを理由に賃金を引き下げたり昇給させない等の差別を禁止しています。

☞**解　説**

　現行の民間企業の障害者の法定雇用率は、2.3％です。自社の法定雇用人数は、以下の式で把握します（小数点以下切り捨て）。

（常用労働者数＋短時間労働者数×0.5）×2.3％

　常用労働者とは、1週間の所定労働時間が30時間以上の社員をいいます。短時間労働者とは、1週間の所定労働時間が20時間以上30時間未満の社員をいい、20時間未満の社員はカウントされません。

　つまり、常用労働者が43.5人以上（小数点以下は切り捨てのため、43人以上）いる会社は、少なくとも1人の障害者を雇用する義務があります。

　なお、1人以上の障害者雇用義務のある会社は、毎年6月1日現在の障害者雇用状況をハローワークに報告する義務もあります。

　法定雇用人数を満たしていない企業には、障害者雇用納付金が課せられます。他方、法定雇用人数を超える人数の障害者を雇用している会社には、障害者雇用調整金が支給されます。

☞**事例から読み解く**

　障害者雇用を義務的にとらえるのではなく、職場活性化と収益性向上に寄与する積極的戦略としてとらえてみましょう。

《障害者雇用のメリット》

❶人材の戦略化による経営改善

- 障害者雇用を「社会貢献」ではなく、「経営戦略」になると認識し、雇用に取り組む。
- 業務の細分化、障害特性や能力に応じた業務選定、働きやすさへの配慮など、ポイントを押さえた取り組みにより、障害者が戦力として活躍することができる。

❷職場環境の改善（心理的安全性の高い、安心できる職場に）

- 障害者に関わる社員を中心に、業務指示や作業手順などを障害者にわかりやすく伝えようと配慮する姿勢が生まれ、こうした姿勢が組織全体に派生し、コミュニケーションが活性化。
- その結果、安心して発言・行動できる、心理的安全性の高い職場づくりが実現。企業全体の生産性の向上が期待できる。

❸会社全体の労働生産性の改善

- 障害者が働きやすいように合理的配慮を実施し、業務の流れや部品などの置き場所をわかりやすく整理。健常者社員も作業しやすくなり、会社全体の労働生産性が向上。
- 障害者が一所懸命に働く姿を見て、健常者社員が刺激を受け、より一層積極的に業務にあたり、意欲や作業効率が向上。

《ポイント》

　常用労働者が 43 人以上いる会社は障害者の雇用義務が発生しますので、まずは、自社の法定雇用人数を把握するところから始めてみましょう。

Q55 高齢者の雇用確保が法律で義務付けられていると聞きましたが、詳しく教えてください。また、定年制度などとの関係についても教えてください。

Ans. 高年齢者雇用安定法により、「定年年齢は60歳以上」と定められています。定年年齢が65歳未満の会社は、継続雇用を希望する定年退職者全員について、以下のいずれかの方法により、65歳まで雇用する義務があります（高年齢者雇用確保措置）。

❶65歳まで定年の引き上げ

❷65歳までの継続雇用制度の導入

❸定年の廃止

定年年齢の引き上げ、定年制の廃止などで、助成金が受給できることもありますので、積極的に活用してみましょう。

☞解　説

本人が希望すれば、雇用している高年齢者を定年後も引き続いて雇用する再雇用制度などを「継続雇用制度」といいます。

対象者は、以前は労使協定の基準で限定することができましたが、高年齢者雇用安定法改正で平成25年度以降、希望者全員を対象とすることが必要です。

定年年齢を65歳以上70歳未満に定めている事業主または継続雇用制度（70歳以上まで引き続き雇用する制度を除く）を導入している事業主は、以下のいずれかの措置を講ずるよう努める必要があります。（高年齢者就業確保措置）。

①70歳まで定年年齢を引き上げ

②70歳までの継続雇用制度を導入（他の事業主によるものを含む）

③定年制を廃止

④70歳まで継続的に業務委託契約を締結する制度の導入

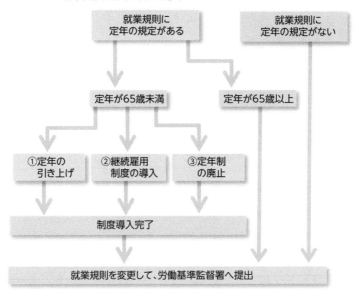

「高年齢者雇用確保措置」導入までのフローチャート

⑤ 70歳まで継続的に事業主等が実施する社会貢献事業等に従事できる制度の導入

☞ 事例から読み解く

　超高齢化社会に突入しているわが国において、高年齢者雇用安定法は、定年の引上げ、高年齢者の安定した雇用確保促進、再就職促進等、定年退職者その他の高年齢退職者に対する就業機会の確保等の措置を総合的に講じるとともに、経済及び社会の発展に寄与することを目的とし、若年層の人手不足の解消等も副次的な目的とされています。

―《ポイント》―
　高年齢者の雇用確保の方法については、どの方法が会社にとって最適なのか、制度の導入にあたっては、助成金の申請業務にも精通している社会保険労務士に相談することをおすすめします。

Q56 突然、退職代行会社から連絡がありました。どうすればよいでしょうか？

Ans. 退職代行会社の社名や担当者名、連絡先を聞いたうえで、担当者不在のため折り返す旨を伝えて、一度電話を切り、ホームページ等で検索をして、**退職代行会社が弁護士事務所なのか、それ以外の会社なのか**を確認します。

☞解　説

　退職代行（サービス）とは、退職を希望している従業員に代わり、勤務先の会社に対して退職の意思表示を行うなど退職に関わる処理全般を行ってくれるサービスです。

　退職の意思を伝えるだけであれば弁護士以外でも行うことができますが、本人の代理人として、本人の代わりに退職に関わる事項（退職の時期や有給の買い取り）を行うことについては、弁護士や労働組合以外は法律により交渉をすることができません。

　したがって、弁護士以外であれば本人の意思表示を届ける「使者」ということなので、退職代行会社が交渉することはできませんし、退職代行会社にそこまでの権限はありません。

☞事例から読み解く

　退職代行会社から連絡があると、本人には直接連絡をしないでもらいたいということと、退職届や保険証を送付するといった内容を告げられ、後日、退職届や保険証が郵送されてきます。また、定型文として退職日までの日については、残っている有給休暇を消化し、不足している分については欠勤控除をするように記載されているケースもあります。

　以前は、こういったケースは非常に稀で、経営者は退職の挨拶も自

分でできないのかと憤ったりしましたが、最近では退職の連絡を一切せず、突然来ない従業員もいます。

　そのような場合には退職手続きをしたくても退職届がなく、保険証の回収や社会保険料の未納がある場合には、督促などを退職者にお願いをすることもあって、退職手続きが滞ってしまいます。

　退職代行会社は退職者から依頼を受けており、目的は「退職を滞りなく進めること」にあります。退職代行会社が入ることにより、会社側も従業員への連絡や貸与物の回収などをスムーズに進められるといったメリットもあります。

《ポイント》

　会社としては、引き継ぎなどをしてから退職をしてほしいと思うところですが、退職代行会社に費用を支払ってまで退職をしたいという人に引き継ぎをしてほしいといったり、退職日を遅らせるようにお願いをしても、おそらく難しいでしょう。そのような場合には、きちんと返却物や退職時の書類について退職代行会社を通して責任をもって対応をしてもらい、退職処理を進めるほうがよいでしょう。

◎退職代行業者の介在による退職処理の流れ

①相談	②入金	③退職連絡	④退職完了
状況説明 希望伝達	申込 支払	代行業者が 代理連絡	業者から 完了報告

第4章

社員数**100名以上**の会社における人事労務管理

攻めの視点
（Q57 ～ Q67）

Q57 年上の部下がいますが、どのように指導していけばよいでしょうか？

> **Ans.** 役職は役割であり、上とか下といった考えで対応するとうまくいきません。こういう場合は、組織の人間関係を定義すると対応がしやすくなります。ただし、年上の部下に対しては配慮とリスペクトが必要です。

☞解　説

　仕事の本質は「人を動かす」ことにあります。年齢が下の上司というだけで、感情的に複雑な思いをする人がいるかもしれません。しかし、仕事である場合には、いちいちそのようなことを気にしていては仕事が進みませんし、仕事を頼みづらいからといって自分でやっていたら部下を持つ意味もありません。

　そこは役割だと思ってしっかりと業務を依頼し、間違っていることであれば指摘をする必要があります。ただ、年齢が上の人に対して上から目線で指示をしても相手にも感情はあります。そこは配慮しながらどういった言い方がよいのか、工夫が必要です。

☞事例から読み解く

　例えば、人事異動により年上部下ができたときには、挨拶のときに「○○さんは私より入社歴も長く、経験もある方なので、尊敬しています。ただ、人事上の都合で私の部下となりますので、業務上で気になったことは指摘をさせてもらうことがあるかもしれません。私が判

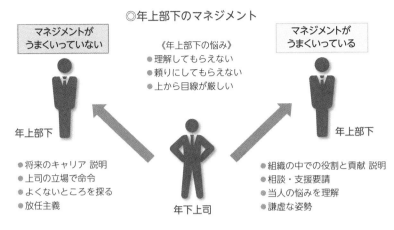

◎年上部下のマネジメント

《年上部下の悩み》
● 理解してもらえない
● 頼りにしてもらえない
● 上から目線が厳しい

マネジメントが
うまくいっていない

マネジメントが
うまくいっている

年上部下

年上部下

● 将来のキャリア 説明
● 上司の立場で命令
● よくないところを探る
● 放任主義

● 組織の中での役割と貢献 説明
● 相談・支援要請
● 当人の悩みを理解
● 謙虚な姿勢

年下上司

断できない場合には、○○さんを頼りにしているので相談させていただきます。よろしくお願いします」と、初めに上司部下という関係性を言葉に出して挨拶するとよいでしょう。

　ポイントは、年上部下の強みを探りながら、相談や支援を要請することです。

　年上部下のマネジメントがうまくいかないケースの特徴として、仕事を頼みづらく、年上部下の仕事に口を出せず、放任主義になっていることが挙げられます。また、自分が優秀であることを示したい気持ちから年上部下のできていない点を探るようになり、上司の立場を利用して命令してしまうこともあります。これでは、お互いが反発しあい、当人同士だけでなく、周りのメンバーも困惑してしまいます。

┌─《ポイント》────────────────
　お互いに遠慮をして言いたいことを言えない状態では、チームとしてパフォーマンスを発揮することは難しく、そこで働いているチーム全員にまで悪い影響が出てしまいます。**役職は役割と割り切り、お互いの関係を言葉にしてはっきりさせ、年上部下に対して謙虚な気持ちで接することでマネジメントはうまくいきます。**
└──────────────────────────

Q58 離職率が高いのですが、採用の仕方に問題があるのでしょうか？

Ans. 採用のポイントとして、求めるスキル・知識・能力に加えて、会社の風土に合うかどうかが重要です。**リファラル採用**は、従業員の個人的なつながりを活用することにより、人材のレベルや質が担保された人材を採用することができ、「うちの会社に合う人」を紹介してくれるので、風土にマッチした人を採用できるといった点がメリットとして大きいようです。

☞解 説

多くの業界で人材採用難となっています。リファラル採用とは、社員の友人や知人を紹介してもらい、人材採用することです。

マス広告では求職者にまず興味を持ってもらわなければなりませんが、リファラル採用では会社名や企業規模などにかかわらず、「友人、知人から紹介を受けたので、まずは話を聞いてみるか」といった思いで面接に来てもらうことができます。

また、人脈があり、紹介をしてもらうリファラル採用は、その人物に対する評価情報の信頼性も高くなるので、選考の精度も上がること

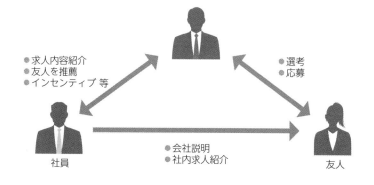

●求人内容紹介
●友人を推薦
●インセンティブ 等

●選考
●応募

社員

●会社説明
●社内求人紹介

友人

になります。すでに一緒に働いてくれている社員が、「うちの会社に合うだろうな」と思って紹介をしてくれるので、面接をしてみたら「全く合わない」といったことが少なくなります。

　加えて、有料職業紹介や求人広告に掲載をする場合には費用が発生しますが、リファラル採用をすることにより採用コストを削減することができます。従来の採用方法では、書面審査などでは玉石混交の候補者が提出した書類を選考、面接を行うため時間の負担も大きいのですが、リファラル採用ではそういったプロセスは紹介者がすでに行ってくれているので、採用活動の省力化につながります。

☞**事例から読み解く**

　リファラル採用は、いわゆる「コネ」とは全く異なります。「縁故」や「コネ」採用は、そのつながりに価値を見出し、有力者とのつながりがある人材を採用することで、入社後にその影響力を行使して会社へ利益をもたらすことを期待した採用となります。リファラル採用は、社員とのつながりは、ただ単に人材にアプローチをするための手段であって、採用基準については通常の採用と何ら変わりません。

─《ポイント》─

　リファラル採用は、このように時間や費用をかけずに採用活動を行うことができる非常に有効な手段なので、リファラル採用を行っている企業が増えています。

　中にはインセンティブを設けている企業もあります。ただし職業安定法40条では、紹介者である社員に対して賃金以外の報奨金を支払うことを禁止しています。そのため、紹介したことによる報奨金ではなく、募集業務への対価としての賃金を賃金規程などに定めたうえで支払うのであれば、法的な問題は生じないと考えられます。

Q59 優秀な若手を採用するために、新卒社員の給与を上げようと思います。どこまで上げたらよいでしょうか？

Ans. 業界の平均初任給額はインターネットの「賃金構造基本統計調査結果（初任給）の概況」で確認することができます。給与額が極端に業界平均より低いと当然に採用は難しくなります。ただ、就職の際は、会社の将来性や業務内容、成長できる環境が整っているか、パーパス（企業の存在意義）に共感できるなど、給与以外のことも総合的に判断されるでしょう。

☞**解　説**

　優秀な若手を採用するためには、業界平均までは上げてもよいと思いますが、必要以上に上げても効果は薄いものです。

　参考として「あさがくナビ 2022（ダイレクトリクルーティングサイト会員数 No.1）」で、「内定先企業に関するアンケート」（図表参照）によると、「内定先の企業に入社を決めた理由として特にあてはまる

◎内定先の企業に入社を決めた理由（上位項目のみ、単一回答）

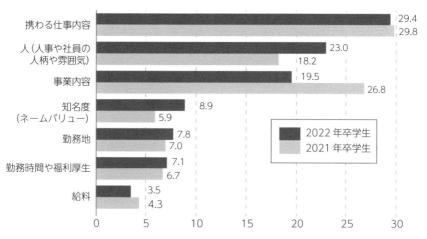

	2022年卒学生	2021年卒学生
携わる仕事内容	29.4	29.8
人（人事や社員の人柄や雰囲気）	23.0	18.2
事業内容	19.5	26.8
知名度（ネームバリュー）	8.9	5.9
勤務地	7.8	7.0
勤務時間や福利厚生	7.1	6.7
給料	3.5	4.3

ものでは１位は「携わる仕事内容」29.4％であり、２位が「人（人事
や社員の人柄や雰囲気）23.0％となっています。

　金銭的な報酬は一時的には効果があるかもしれませんが、すぐに慣
れてしまい、たとえ入社してくれても、いずれは「もっと多くの報酬
をくれる会社」や「自分のやりたい仕事」を求めて退職してしまいま
す。そうなってしまっては元も子もありません。

☞事例から読み解く

　若い世代（Z 世代）は金銭的な報酬だけでなく、会社のパーパス（企
業の存在意義）に共感したり、多様な価値観を認める組織風土や柔軟
な働き方を選択できる会社を選びます。

　これから労働人口がますます減少していく中で、働き手が会社に合
わせるのではなく、会社が働き手に合わせて変化をしていくことが求
められるのです。

─《ポイント》─

　「なぜ働くの？」という質問に対し、働く第一義は「お金のため、
生活のため」と答える人は多いでしょう。しかし、最近はこの働
く意義についても多様化が進んでいるようです。「生活のため」と
いうだけではなく、「社会貢献性」や「誰とどこで働くか」といっ
た、「何のため。誰のため。誰とどのようにして。」といった企業
の目的や働き方そのものを大切にする人が増加しているのです。

　そのため、①企業活動の目的を明確にしてステークホルダーへ
伝えようとするパーパス経営が注目され、②人材の多様性を認め、
働き方の多様化を促進する「ダイバーシティ経営」が当たり前に
なりつつあります。求職者に選んでもらうためには、彼らに選ん
でもらえるような企業になる必要があります。そのためには彼ら
をしっかりと観察し、彼らの価値観を理解し、自社をアピールし
ていく必要があります。

Q60 最近、結婚、子育てや介護などを理由に退職する男性が増えていて困っています。

> **Ans.** 会社や従業員にとって、どのような働き方が求められているか把握することです。他の会社が導入しているからといってあれもこれも導入しても管理が煩雑になり、運用が難しくなります。自社の現状では今後どのような働き方が必要であり、従業員に求められているのは何かを把握することが最優先になります。

☞解　説

　ここ数年で生活環境が大きく変わりました。オンラインでの打ち合わせが当たり前になり、テレワークの浸透、副業・兼業の推進など会社や仕事の進め方も変わりました。

　それに伴って働く人の意識にも変化が起き、週40時間、1日8時間働くことが当たり前でなくなってきています。

☞事例から読み解く

　最近では、1つの会社で勤務するだけでなく、ソーシャルワーカーのようにフリーで働く人も増えています。大手企業では週休3日制を導入するところもあります。そのようにして、従業員に、より生産性が高く、不安がない働き方を提供することにより、従業員から選んでもらえる会社になっていきます。

　ある会社では、事務職を募集していましたが、応募が全然集まらず困っていました。そこで朝の9時就業を少し遅らせ9時30分にしたところ、多く人が応募をしてきました。

　応募者の生活スタイルに少し寄り添った求人内容にするだけで求職者から選んでもらえるようになります。

◎多様な働き方の例

フレックス タイム制	労働者に始業・終業時間、労働時間を自ら決めることにより、ライフスタイルに合わせた働き方を実現することが可能になる。1か月に働く時間を決めておき、いつ働いてもよいので、労働者からすると働く時間を自由に選択できる。
週休3日制	週に3日間休日を与える制度。親の介護や通院などを理由に週4日や3日勤務をしたいという人もいる。給与については従前どおりに支払う会社もあれば、労働時間に合わせて5分の4にする会社もある。
時短勤務	通常の労働者よりも1日の勤務時間や週の労働時間を短くする制度。正社員で勤務していた人が育児のために退職したり、パートに雇用形態を変更する場合がある。このような場合でも雇用は正社員のまま、保育園の送り迎えに対応できる時短勤務をすることで人材定着につながる。
テレワーク 勤務	会社以外での場所でもITを活用して働くことをいう。感染症の拡大によって多くの会社や労働者がテレワークを余儀なくされたが、感染症が収束に向かいつつある今、テレワークをやめて職場勤務に戻す会社、テレワークを継続する会社、1か月に回数を設けて実施する会社などさまざまである。
副業・兼業	主たる会社での仕事とは別に行う仕事のことをいう。他の会社に勤務する場合と労働者がフリーランスのように働く場合とがある。他の会社で勤務する場合には、主たる会社と副業・兼業先での労働時間を通算して労働基準法で定める1日8時間、週40時間の労働時間を超えないようにしなければならない。
外注・業務委託	会社に雇用される働き方ではなく、業務委託契約や請負契約などにより個人として仕事を受注する働き方である。労働者ではないので労働者保護である労働基準法の適用を受けない。労働時間の制約を受けずに働くことができるが、自身の健康管理など自身でコントロールしなければならない。

《ポイント》

制度導入ありきではなく、まずは自社の状況から従業員が働きやすい環境を整備するために、どういった働き方が求められるのかを確認したうえで導入を検討することです。そのような環境を整備することで既存社員の定着につながり、新たに人材を採用しようとするときのアピールポイントにもなります。

Q61 上長が5段階評価の3ばかりつけてしまいます。こんな状態で評価制度をやる意味があるのでしょうか？

Ans. 人事評価制度が形骸化しているのは、人事評価の「本来の目的」が理解されていないことが原因です。

人事評価の目的は「部下・後輩の育成」と「モチベーションの向上」です。人事評価が形骸化している会社では、評価は給与や報酬を決めるためのものだと勘違いしているようです。評価が昇給・昇格や賞与を決定するための材料だけになっていると、本来の目的を見失ってしまいかねません。

☞**解　説**

評価とは、マネジメントサイクルにおけるP（計画）D（実行）C（評価）A（改善）のC（評価）にあたります。

会社というチームの目標を達成するために会社員は集まっており、そのために計画を立てることになります。これが目標設定です。計画に基づき実行したうえで、計画どおり行動できたのかどうかをチェック（評価）し、次の行動につなげていくのです。これを「スパイラルアップ」といいます。

このように評価を通して、自分の課題を見つけ、改善に取り組み、成長していくことを目的とします。その結果、これまでできなかったことができるようになったり、自身の成長を実感することができれば、それはモチベーションアップにつながります。

☞**事例から読み解く**

チェック（評価）がなければ、改善活動が行われずに、毎年同じ目標が立てられたり、同じ過ちが繰り返されたりします。つまり、チームも個人も成長しないということになるわけです。

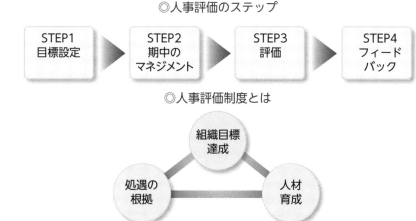

◎人事評価のステップ

◎人事評価制度とは

　スポーツに例えれば、毎回負けている同じ対戦相手に、同じ作戦で挑み、個人のレベルも毎回変わらず、同じような負け方を毎年続けているチームと同じです。

　しっかりチェック（評価）しているチームは、前回は作戦Aで負けたから、今回は作戦Bで行ってみようとか、前回は個人のミスが多かったから、それぞれ前回と同じミスが起きないように練習メニューを個別に変えてみようなど、改善活動が行われ、チームも個人も成長し、ライバルチームに勝てる可能性が高まるわけです。

《ポイント》

　会社は共通の目的を達成するために集まったチームです。チームメンバー各自が目標を共有し、それに向かって成長し続けていくために、「評価」があるのです。

　この評価を活用して、チーム・個人の成長につなげて目標達成に近づけることができれば、モチベーション向上が期待できるはずです。

Q62 給与を高くすれば、それに比例して従業員の意欲は高まるのでしょうか？
（従業員満足とエンゲージメントの違い）

Ans. 給与に不満がある場合は離職の原因にもなるため、適切な水準まで引き上げることにより不満の解消になります。しかし、適切な水準より高くしても、「従業員の意欲は給与の増加に比例して高くなることはない」といわれています。

☞**解　説**

　アメリカの臨床心理学者であるフレデリック・ハーズバーグの「二要因理論」から提唱された「衛生要因・動機付け要因」というものがあります。

　衛生要因とは、「会社の方針や職場環境」「給与」「対人関係」などが挙げられます。これらの要因が不十分と感じると、不満につながります。

　動機付け要因は、「達成すること」や「承認されること」「責任の拡大」「昇進」などです。これらが満たされると人は仕事に満足感を覚えるといわれています。そのため、衛生要因である給与を一定水準以上に引き上げたとしても意欲が高まることはなく、仕事でできることを増やしたり、達成感を感じさせる仕組みや、チャレンジングな仕事の機会を与えることがモチベーションを向上させることになります。

☞**事例から読み解く**

　金銭とモチベーションの関係を表した有名なエピソードがあります。

　学校の帰り道で子どもたちが家の庭に石を投げこんで遊んでいて困っていました。石を投げこむと、「コラー！」とおじいさんが怒っ

従業員満足（ES） （Employee Satisfaction）	エンゲージメント （engagement）
従業員の仕事や職場に対する満足度（➡その企業で働くことに満足しているかどうか） ● 職場の人間関係 ● 給料 ● 清潔／IT など環境 ● 福利厚生	会社と社員の間に、金銭的なものに加え、精神的な満足として強い結びつきがあること（➡会社や仕事にきちんと向かい、貢献したいか） ● 会社への愛着 ● 成長感 ● 上司の支援 ● 働きがい

て出てくるので、それが楽しくて石を投げこんでいたのです。どうにもその石を投げこんでくる行為をやめさせることができずに頭を抱えていました。あるとき、隣人からアドバイスを受けて、庭の前の塀の壁に張り紙を貼ることにしました。そこには「この庭に石を投げてくれたら石10個につき1円あげます」という内容です。すると、子どもたちはたった1円のために石なんて投げてあげるもんかと、庭に石を投げ入れなくなった、というお話です。

　これは、自らのモチベーションによる行為が金銭に置き換わり、それが自分の想定している水準以下である場合には、逆にやる気を失ってしまうという例です。

─《ポイント》─

　もう1つの視点として、エンゲージメント（会社と自分の結び付きなど）があります。

　従業員の意欲を引き出すために賃金を上昇させることは、効果が薄いと考えられています。それよりも「会社はどのように社会に貢献しているのか」「この仕事はどのような役に立っているのか」「この仕事を通してどのように成長できるのか」などをしっかりと従業員に浸透させることが、仕事の目的・意義を理解し、労働意欲を高めることにつながります。

Q63 ベテラン社員や年上の部下を教育しろといわれても、何をどうすればよいのでしょうか？

Ans. 辞令が出て部署異動があったとき、これまで経験したことがない部署の管理職になると、現場の部下のほうが業務の内容を理解していて、スキルが高いことがあります。その場合、上司としてどのように部下を指導育成したらよいかわからないという質問を受けることが多くあります。

そんなときは焦らずに、部下のタイプ別指導方法を理解しておくと安心です。部下のタイプ別指導法とは、部下の「習熟度」と「勤労意欲」にあわせて指導スタイルを変えるというものです。

☞解　説

部下に対して、一律の指導をしているケースは意外と多くあります。「自分の指導スタイルはこうだ！」と決めて、「それについて来い」というのは一昔前の指導者のスタイルです。

今は多様性の時代、指導者は部下のタイプにあわせて指導のスタイルを柔軟に変えて、やる気を引き出し、成果を上げることが求められているのはいうまでもありません。

☞事例から読み解く

部下のタイプによって、指導のスタイルは「支援の頻度」と「関わり方」を変えていくことが必要です。

指導者には「ティーチャー（指導する、教える）」と「コーチ（支援、サポート）」の2つの役割が求められるということです。

部下の習熟度、勤労意欲の両方が低い場合は、支援の頻度は多く、関わり方は指示的になります（タイプⅣ）。

部下の習熟度は低いが勤労意欲は高い場合は、支援の頻度は多く、

関わり方は指導的になります（**タイプⅢ**）。

　習熟度が高く勤労意欲が低い場合（**タイプⅡ**）は、助力型（参加）の支援スタイルとなり、習熟度が高く勤労意欲も高い場合（**タイプⅠ**）は、委任型（委譲）の支援スタイルをとるとよいといわれています。

《**ポイント**》

　部下のタイプに合わせて指導スタイルを変えることにより、多様性の高いチームを率いて成果を出すことが可能となります。まずは、部下が4つのどのタイプに当てはまるのかを観察してみましょう。

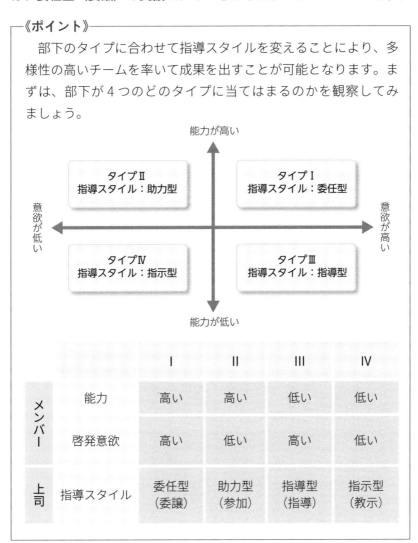

メンバー		Ⅰ	Ⅱ	Ⅲ	Ⅳ
メンバー	能力	高い	高い	低い	低い
メンバー	啓発意欲	高い	低い	高い	低い
上司	指導スタイル	委任型（委譲）	助力型（参加）	指導型（指導）	指示型（教示）

Q64 フィードバックが重要といわれますが、どのように行ったらよいでしょうか？

Ans. フィードバックは人の成長に大きな影響を与えますが、間違えたフィードバックはただの小言や説教、嫌みととらえられてしまいます。せっかく時間を割いてフィードバックするのであれば、それを相手の成長やチームの成果につなげるようにしましょう。

上司からの適切なフィードバックが人を育てるといわれています。おそらく皆さんも、上司や先輩からのフィードバックを受けて意識や行動が変わった経験があるのではないでしょうか？　では、よいフィードバックに共通する6つのポイントについて確認してみましょう。

❶具体的に伝える
❷すぐにその場で伝える
❸目的や目標につなげる
❹実行できることを伝える
❺肯定的な表現を使う
❻率直に伝える（アサーティブなフィードバック）

◎望ましいフィードバック

ポイント1：具体的に伝える

何がよい点で、何が改善すべき点なのか、はっきりわかるように伝える

ポイント2：強化・改善へ向けてのアドバイスを添える

強みを伸ばし、弱みを克服するための方法をアドバイスする

ポイント3：目標達成につながることを理解させる

このフィードバックが自身を成長させ、その結果目標達成につながることを目的としていることを理解させる

☞**解　説**

　人が成長する要因の7割は「経験」です。いかに経験を積ませるか
が重要になるわけですが、初めての仕事については失敗がつきもので
す。その失敗を次なる成功につなげるためには、うまくいくコツやノ
ウハウが必要です。そこで、「実行」と「フィードバック」を繰り返
すことで「改善」ができるようになります。

☞**事例から読み解く**

❶具体的に伝える

　「それいいね！」「よくないね！」ではなく、どういうところがよく
て、どういうところがよくないのかを具体的に伝えることで次の行動
につながります。

❷すぐにその場で伝える

　時間が経ってから、「そういえば3か月前のあのときの商談のとき
の話だけど……」といわれても、もう覚えていませんね。商談が終わっ
たらできるだけすぐに、電話をかけ終わったらその場ですぐに、でき
るだけ早くフィードバックすることでその効果は高まります。

❸目的や目標につなげる

　フィードバックの内容が共通の目的や目標につながっているかを伝
えましょう。

　「この報告書は、部長にこれまでの経緯をわかりやすく伝えるため
のものだから、箇条書きのほうがいいですね」

　「このデータベースの入力は、営業目標達成のために休眠顧客を掘
り起こすことが目的なので、商談の際の受注確度もあったほうがよい」

　など、その行動の目標や目的を改めて伝えたうえで、フィードバッ
クすることが重要です。

❹実行できることを伝える

　当然、実行不可能なことをフィードバックしても意味がありません。しかし現実では、実行にとても時間がかかったり、外的環境の制約が大きくて実行に移せないことがあります。そのため、その人のレベルや環境を考慮した実行可能性の高いフィードバックを行うことを意識する必要があります。

❺肯定的な表現を使う

　「××しないようにする」よりも「○○するほうがよい」など、是正する行動は肯定的な表現にすることで、実行できる確率は高くなります。というのは、人間の脳は騙されやすく、否定表現の場合、いったんマイナスの行動を思い浮かべてそれを打ち消すという作業をするため、マイナスの方向に引っ張られやすくなるからです。

　例えば、「ピンク色のゾウを想像しないでください」といわれても、すでに頭の中にピンクのゾウが浮かんでいるのではないでしょうか？

◎対人関係の様相

	自分	相手	結果
攻撃的	win	lose	相手の反発を招きやすい
受身的	lose	win	自分が問題を抱え込みやすい
作為的	lose	lose	誤解や不信感を招きやすい
アサーティブ	win	win	問題を解決しやすく、信頼関係を築ける

※アサーティブな態度とは、「自分も相手もOK」という態度です。

❻率直に伝える（アサーティブなフィードバック）

　フィードバックは躊躇せずに率直に伝えるのがポイントです。しかし、相手にマイナスの感情を抱いたり、怒りにまかせてのフィードバックは当然逆効果になります。そういうときにアサーティブなフィードバックが有効になります。

　アサーティブ（assertive）とは、「自己主張する」という意味です。ただし、ここでいう自己主張とは、自分の主張を一方的に述べることではなく、相手を尊重しながら適切な方法で自己表現することを指します。つまり、アサーティブなフィードバックとは、お互いを尊重しながら意見を交わすフィードバックのことです。

　アサーティブフィードバックの基本フレームにDESC法というものがあります。これを活用すると、相手に自分のいいたいことが伝わり、納得を得やすくなります。

《DESC法》

❶ Describe（描写する）：気になっている事実を客観的に表現する。

❷ Explain（説明する）：描写に対する自分の主観的な気持ちを、悲しい・辛いなどアイメッセージで主張する。

❸ Specify（提案する）：どのように変えてほしいか、具体的な提案をする。

❹ Consequences（相手の選択と応答）：代替案と肯定的な結果を示す。

《ポイント》

　上手なフィードバックは人の成長のスピードを早めます。適切なフィードバックの仕方を理解して実践してみましょう。まずはフィードバックの6つのポイントの実践をおすすめします。

Q65 管理職が現場の仕事ばかりやっています。管理職とは、何をするのが仕事なのでしょうか？

Ans. 管理職の仕事は「マネジメントする」ことです。では、マネジメントとは何でしょうか？　それは「人を育て、チーム作りをして、職場の問題や課題を解決し、組織の目標を達成する」ことです。

☞解　説

　プレーヤーでいるときは、自分で成果を出すことが求められます。そして、成果を出した人がたいてい管理職に抜擢されます。そうすると、自分で行動して成果を出してきたことが認められて管理職になったので、管理職になっても同じように自分で成果を出すことが会社への貢献だと考えてしまうのです。

　しかし、現実は管理職になると当然自分の持ち分はありながら、部下を成長させてチームを活性化し、自分のチーム全体で成果を出すことが求められるようになります。そのため、管理職は自分１人で成果を出すのではなく、人を介して成果を出すことが求められ、「人のマネジメント」と「仕事のマネジメント」の両方が必要になるというわけです。

☞事例から読み解く

　「仕事のマネジメント」「人のマネジメント」の２つの領域で、得意分野が人それぞれあります。あなたはどちらが得意でしょうか？

　よくある例として、仕事のマネジメントが上手な人は、上司から好かれます。当然、目標を達成したり、職場の問題解決をすれば、上司からの評価は高くなるわけです。

　その結果、スピーディに昇進していきます。しかし、管理職になれ

れば1人で成果を出すのは限界があり、チームメンバーを介して成果を出すことが求められるため、「人のマネジメント」の重要性が増してきます。

　「仕事のマネジメント」しかしない上司は、いつしか部下が育たず、成果を出せなくなってしまうものです。

《ポイント》

　管理職の仕事は「仕事のマネジメント」と「人のマネジメント」のバランスが重要です。大切なのは、人を育成してチームを活性化することを通じて、職場の問題解決や目標達成を実現するという順番です。

◎仕事のマネジメントと人のマネジメント

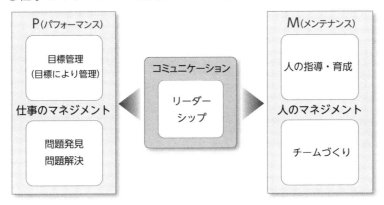

　管理職には「P：仕事のパフォーマンス」と「M：人・組織のメンテナンス」の両方のマネジメントが求められます。

Q66 シニア世代のモチベーションはどのように保てばよいでしょうか?

Ans.「役職定年制度」というものがあります。多くの会社では、55歳くらいになると管理職をおりて役職がなくなりますが、そうするとモチベーションを保つのが難しいという声を聞きます。せっかく管理職にまでなる優秀な人材のモチベーションが低下するのは、とてももったいないことです。

　シニア世代のモチベーションを保つ施策は2つあります。1つは、頼りにされるという感覚、2つめは自分の目標を持つということ。この2つはシニア世代に限ったことではありませんが、あらためて役職定年を迎えるタイミングで、会社側としてこの2つを考慮した仕組みや仕掛けを用意しておくことが重要です。

☞**解　説**

　アメリカの心理学者マズローが提唱した「欲求5段階説」という理論があります。人間の欲求を「❶生理的欲求」「❷安全の欲求」「❸社会的欲求」「❹承認欲求」「❺自己実現の欲求」の5つの階層に分かれているという理論です。　これらの階層はピラミッド状になっており、低い階層の欲求が満たされることによって次の段階の欲求を求めるようになるといわれています。❶ ➡ ❷ ➡ ❸ ➡ ❹ ➡ ❺

　この理論をベースに考えると、第1段階として、「生きていくために必要な、基本的・本能的な欲求:生理的欲求」が満たされると、「安心・安全な暮らしへの欲求:安全の欲求」が生まれ、次に「友人や家庭、会社から受け入れられたい欲求:社会的欲求」が芽生えます。そして、今度は「他者から尊敬されたい、そこで認められたいと願う欲求」にグレードアップし、最後は"あるべき自分"になりたいと願う欲求に昇華するわけです。

　役職定年を迎える会社員の多くは、会社に所属し（社会的欲求）、管理職として評価されて（承認欲求）きたわけです。定年により役職が失われるわけですから、承認欲求が満たされずにモチベーションが下がるのは当然です。役職に変わる承認欲求を満たす「何か」が必要となるわけです。さらに、この年代になると、欲求5段階説の最終段階に入っている人も多く、今までの経験や価値観に基づいた「自己実現」を満たす機会を求めているのではないでしょうか。

☞事例から読み解く

　役職以外に「承認欲求」を満たす仕組みとして「役割」があります。小学校のクラスや部活でも「○○係」とかあったのではないでしょうか。これは、クラスとか部活にただ所属するだけではなく、自分が役に立っているという感覚を醸成し、そこに承認欲求を満たすことも目的の1つであると思います。

　会社も同じで、役職はなくなっても、後進育成や技能承継、上司のサポートなど、役割を定義して付与することにより「承認欲求」が満たされモチベーションを上げることができるというわけです。

　もう1つ、「自己実現」を満たす例に、セカンドキャリア支援があります。役職定年のタイミングで働く時間を選択できるようにし、これまで関心があったけれどできなかったボランティアや社会貢献活動への参加ができる状態を作る仕組みです。セカンドキャリア支援制度には、「週休4日（3日）制度」や「ダブルワーク制度」「独立支援制度」などがあり、このような仕組みを活用することで、役職定年後のシニア世代のモチベーションを保つことが可能となります。

《ポイント》

　人はいつまでもどこかの組織に所属したいという欲求があり、そして認めてもらいたいものなのです。そのような欲求を理解して、会社にマッチした仕組みや仕掛けを構築することが重要です。

Q67 役職定年制度を設けていないのですが、中小企業でも必要でしょうか？

Ans. 必ずしも必要とは限りません。役職定年制度を廃止している会社もあります。役職定年制度導入のメリットを理解したうえで検討するとよいでしょう。労働人口が減少し、若手が思うように入ってこないため役職定年を設けずに働いてもらう選択肢もあります。

☞ **解　説**

　まずメリットの1つとして「人件費削減」が考えられます。一般的に50代の賃金は世代別では最も高くなります。従業員が現在果たしている役割や生み出す成果の大きさに対して、支払われている賃金の額を減額させるのはかなり難しいものです。このような50代を中心とした高すぎる賃金を引き下げる手段として、役職定年制が活用されています。

　2つめとして、事業が成長しており、それに伴い組織も大きくなる過程であればポストも増えていきますが、多くの企業がそういった状況ではなく、ポストは限られています。限られたポストを年長者が占めてしまい、若手や中堅社員はポストが不足しているために役職に就けず、モチベーションを下げてしまい、退職してしまうこともあります。そこで、若手活躍の機会のために一定年齢以上の役職者は仕組みとして任を解かれ、後進にポストを譲ることになります。

　3つめに、1つのポストに役職者が留まることで組織が硬直化してしまうことがあります。役職定年制によって、若い人材が硬直化した組織の中に新しい風を入れることができるのもメリットの1つです。

☞事例から読み解く

　どんな商品やサービスも数年経ったら陳腐化していきますし、テクノロジーの進化や感染症が拡大したことにより、仕事のやり方も大きく変わることを余儀なくされました。

　今までの成功事例や経験があると、そこに固執してしまうケースがあります。新しい人材が入ることで業務改善やイノベーションを生むきっかけになることがあります。一方で年齢によって役職を奪われるのは「年齢差別」につながるといった考えもあります。また、高年齢層の比率が全体では少なくて人件費を削減する必要性が少ない場合、年功的な昇給が伴う制度を廃止してジョブ型へ移行したときなどは、役職定年を設けても費用面でのメリットは少ないかもしれません。

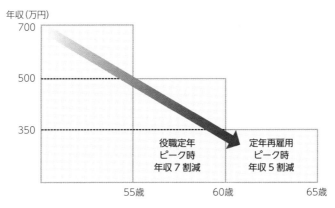

◎役職定年と年収の関係

―《ポイント》―――
　自社にとって人事上の課題がどこにあるのかを把握したうえで、その課題解決の1つの手段として役職定年制度はあると考えます。制度ありきで導入をするのではなく、メリットやデメリットを考慮したうえで、必要と判断される場合に導入することをおすすめします。

守りの視点
(Q68 ～ Q70)

Q68 社員が増え、利益が出るようになってくると、働かない人が出てきました。どうしたらよいでしょうか？

Ans. 組織のリスクとして、「人数が増えて、かつ利益が出てくると組織はダメになる」という"組織あるある"があります。会社や会社以外のどんな組織でも、人が増えて利益が出ると、自分勝手な人が出てきたり、手を抜く人が出てきたり、さまざまな問題が発生します。これを**フリーライダー（タダ乗り）問題**と呼んでいます。

☞解　説

　フリーライダーとは、経済学で使われている用語です。組織に貢献する行動や対価を支払わず、便益を享受するといった意味で用いられています。

　例えば、NHKの受信料を支払わずに視聴するケースが挙げられます。経済学におけるフリーライダーの背景には、「対価が未払いでも公共財の利用を排除できない非排除性」、「対価が未払いでも公共財を利用できなくならない非競合性」という側面があります。

　じつは、フリーライダーが生まれる原因には、雇用事情が影響しているのです。終身雇用の時代、国や企業の右肩上がりの成長に伴う雇用の安定により、労働者は1社で真面目に長く働き続けました。

　現在は、労働の多様化や昇進チャンスの減少などで、1社依存体制下で頑張っても報われにくい時代になってきました。それがフリーライダー誕生の原因となっています。

☞**事例から読み解く**

　綱引きをイメージするとわかりやすいと思いますが、1 対 1 で綱引きしているときは、一生懸命全力で綱を引きます。

　しかし、100 対 100 だとどうでしょうか？

　少ない人数でやっているときよりも、人数が増えれば増えるほど、他の人に頼りだして、大きな集団のたった 1 人だとそんなに影響しないのではと考えてしまい、1 人 1 人がこれまでよりも全力を出さなくなるのです。

　さらに、綱がこちらの陣地に引き寄せられており、自陣営が優勢である、自分の行動が周りから評価されにくい、手を抜いてもわかりにくい環境であれば、その傾向はさらに強くなります。

　会社でいえば、利益は出ているけど、頑張りが評価されない、昇進昇格に結び付きにくいとなれば、気が緩み、人に頼り、手を抜く傾向が高まるということです。

―《ポイント》―

　会社という組織は、人数が増えて、利益が出ているときほど組織はダメになる、という当たり前のことを理解したうえで、管理職が、部下・後輩のマネジメントを行っていかなければいけません。

　そこには、フリーライダーを排除する仕組みや、頑張ればちゃんと報われるという仕組みが必要であり、それが人事制度ということになります。

Q69 「一般事業主行動計画」とは何ですか？

Ans.「一般事業主行動計画」とは、「次世代育成支援対策推進法」に基づき、会社が従業員の仕事と子育ての両立を図るための雇用環境の整備や、子育てをしていない従業員も含めた多様な労働条件の整備などに取り組むにあたって、「計画期間」「目標」「目標達成のための対策及びその実施時期」を定めることをいいます。

会社全体の従業員数が 101 人以上の会社は、一般事業主行動計画の策定、届出、公表が義務付けられています（次世代育成支援対策推進法第 12 条）。なお、この場合の従業員数は、事業場単位ではなく、会社全体の人数であることに留意が必要です。

☞解　説

一般事業主行動計画を策定し、行動計画に定めた目標を達成するなど、一定の要件を満たした場合、必要書類を添えて申請を行うことで、「子育てサポート企業」として厚生労働大臣の認定（くるみん認定・トライくるみん認定）を受けることができます。同認定を受けた企業が、さらにより高い水準の取り組みを行い一定の要件を満たした場合、特例認定（プラチナくるみん）を受けることができます。

※くるみんマークは、厚労省が認定した「子育てサポート企業」に送られるマーク。 この愛称には、赤ちゃんが包まれる「おくるみ」「職場ぐるみ、会社ぐるみ」で仕事と子育ての両立支援に取り組もうという意味が込められている。

☞事例から読み解く

企業で働く労働者のワークライフバランスを推進するため、従業員数が比較的多い企業からこのような対応が義務付けられることになりましたが、これまでの政府の方針を見ていると、今後、より規模の小さな会社にも義務化が拡大する可能性があるかもしれません。

◎「一般事業主行動計画」策定・実施・認定の流れ

認定の流れは、以下のとおり。

2回目以降
も同様に①
～⑤を実施

① 自社の現状や労働者のニーズの把握

② ①を踏まえて行動計画を策定

③ 行動計画を公表し、労働者に周知（②からおおむね3か月以内）

④ 行動計画を策定した旨を都道府県労働局雇用環境・均等部（室）へ届出（②からおおむね3か月以内）

⑤ 行動計画の実施

（「子育てサポート企業」として認定を申請する場合）

⑥ 「計画期間終了後、都道府県労働局雇用環境・均等部（室）へ認定申請」
・くるみん認定申請
・トライくるみん認定申請

⑦ 「子育てサポート企業」として認定、マークの付与

（さらに高い水準の取り組みを行い、プラチナくるみん認定を申請する場合）
※プラチナくるみん認定を受けるためには、事前にくるみん認定又はトライくるみん認定を受けている必要があります。

⑧ くるみん認定・トライくるみん認定後の行動計画の期間終了後、都道府県労働局雇用環境・均等部（室）へ認定の申請

⑨ 優良な「子育てサポート企業」として認定
プラチナくるみんマークの付与

―《ポイント》―

　会社全体の従業員数が101人以上の会社においては、上記の対応について、人事労務の専門家（社会保険労務士）に相談されることをおすすめします。

Q70 自社の女性社員の活躍に関する情報を公表する義務がありますか？

Ans. 2022年4月1日以降、従業員数が101人以上の会社は、「女性の職業生活における活躍の推進に関する法律（女性活躍推進法）」に基づき、自社の女性活躍に関する情報を公表することが義務付けられました（女性活躍推進法第8条）。

☞**解　説**

　女性の就業率（15歳～64歳）は上昇していますが、就業を希望しながらも働いていない女性（就業希望者）は約171万人に上っています。また、第1子出産を機に約5割の女性が離職するなど、出産・育児を理由に離職する女性は依然として多いという事実があります。さらに、出産・育児後に再就職した場合、パートタイム労働者等になる場合が多く、女性雇用者における非正規雇用労働者の割合は5割となっています（53.6％）。

　そのうえ、管理的立場にある女性の割合（課長級以上）は約11.0％（令和3年）と、管理職に占める女性の割合は長期的には上昇傾向にありますが、国際的に見ると依然その水準は低くなっています。

　このような状況から、さらなる女性の活躍を推進するため、上記の対応の義務化がなされることになりました。

──《ポイント》──
　会社全体の従業員数が101人以上の会社においては、上記の対応について、人事労務の専門家（社会保険労務士）に相談することをおすすめします。

◎女性の活躍に関する情報公表について

- 自社の女性の活躍に関する情報を公表することは、就職活動中の学生など求職者の企業選択に資するとともに、女性が活躍しやすい企業にとっては、優秀な人材の確保や競争力の強化につながることが期待できます。
- 常時雇用する労働者数が301人以上の事業主については、以下の①の区分から男女の賃金の差異を含めた2項目以上、②の区分から1項目以上を選択して、3項目以上を公表する必要があります。
- 常時雇用する労働者数300人以下の事業主については、①と②の全項目から1項目以上選択して公表してください（常時雇用する労働者数101人以上300人以下の事業主は、2022年4月1日から情報公表が義務となりました）。
- 必ずしも全ての項目を公表しなければならないものではありませんが、公表範囲そのものが事業主の女性の活躍推進に対する姿勢を表すものとして、求職者の企業選択の要素となることに留意しましょう。

①女性労働者に対する職業生活に関する機会の提供	②職業生活と家庭生活との両立に資する雇用環境の整備
• 採用した労働者に占める女性労働者の割合（区） • 男女別の採用における競争倍率（区）…（1） • 労働者に占める女性労働者の割合（区）（派） • 係長級にある者に占める女性労働者の割合 • 管理職に占める女性労働者の割合 • 役員に占める女性の割合 • 男女別の職種又は雇用形態の転換実績（区）（派） • 男女別の再雇用又は中途採用の実績…（2） • 男女の賃金の差異（全・正・パ有）…（6）	• 男女の平均継続勤務年数の差異…（3） • 10事業年度前及びその前後の事業年度に採用された労働者の男女別の継続雇用割合 • 男女別の育児休業取得率（区）…（4） • 労働者の一月当たりの平均残業時間…（5） • 労働者の一月当たりの平均残業時間（区）（派）…（5） • 有給休暇取得率 • 有給休暇取得率（区）

※（区）の表示のある項目については、雇用管理区分ごとに公表を行うことが必要です。ただし、属する労働者数が全労働者のおおむね1割程度に満たない雇用管理区分がある場合は、職務内容等に照らし、類似の雇用管理区分とまとめて算出して公表して差し支えありません（雇用形態が異なる場合を除きます）。
※（派）の表示のある項目については、労働者派遣の役務の提供を受ける場合には、派遣労働者を含めて公表を行うことが必要です。
※「男女の賃金の差異」については、「全労働者」、「正規雇用労働者」、パート・有期社員の「非正規雇用労働者」の3区分での公表が必要です。

（出所：厚生労働省）

おわりに

これからの時代の会社、これからの時代の労務

コロナ禍、ウクライナ紛争、世界的なインフレ、デジタル化の加速など、昨今、人生観や仕事観を大きく変える出来事が相次いでいます。

もっとも、マイナスの側面ばかりではありません。

例えば、内閣府による「満足度・生活の質に関する調査報告書2022〜我が国の Wellbeing の動向〜」（2022年7月）によると、ワークライフバランスの満足度は、コロナ禍前と比べて男女ともに上昇傾向にあるといいます。テレワークの浸透や通勤時間の削減などの影響もあって、より「自由に使える時間が満足度に影響する」割合が大きくなったと報告されています。

外部環境の変化が、長時間労働による生産性の低さという長年にわたる課題をあぶり出し、その改善を後押ししたといえるでしょう。

では、これからの時代、「ヒト」の問題に関する企業変革をどのように進めていけばいいのでしょうか。

当たり前のことですが、まずは自社の現状を冷静に把握すること、そして「土台」をしっかりと固めることが重要です。

具体的な取り組みの1つとして、就業規則などの諸規程の整備・磨き上げが挙げられます。育休や有休の取得を促進する規程、テレワークに関する規程、副業・兼業の解禁の規程などです。

もっとも、それらを整備しても実際に運用して従業員から活用されなければ組織に根付きません。

制度をつくるだけでは不十分で、育休や有休を取得しやすい企業風土の醸成、出社している従業員とのコミュニケーションの充実・促進といったテレワーク運用の適正化、副業・兼業の推進の他、風通しの

よい組織づくりがセットになって初めて効果が期待できます。

　今後、いかに IT や AI が進化しようとも、中小企業の経営にとって、生産性の向上をはじめとする「ヒト」に関連する課題は避けては通れない普遍的な課題であり、永遠のテーマであることは間違いありません。時流を読みながら、一歩ずつ、着実に改善・改革を進めていきましょう。

【参考文献】
● 『労働法第 12 版』（菅野和夫、弘文堂）
● 『「労務管理」の実務がまるごとわかる本』（望月建吾他、日本実業出版社）
● 『３士業で解決！多面的労務管理』（中井嘉樹 / 古川政明 / 岡﨑隆彦、経営書院）
● 『労働法実務　使用者側の実践知』（岡芹健夫、有斐閣）
● 『人事管理入門』（今野浩一郎 / 佐藤博樹、日本経済新聞社）
● 『人事担当者が知っておきたい 10 の基礎知識　８つの心構え』（労務行政研究所編、労務行政）

【著者プロフィール】

▎**加藤 剛毅**（かとう・ごうき）
▎弁護士、中小企業診断士

1977 年 2 月、埼玉県秩父市生まれ。2001 年 3 月、早稲田大学法学部卒業。
2002 年 11 月、旧司法試験合格。2003 年 4 月、司法修習生（57 期）。2004 年 10 月、弁護士登録（第二東京弁護士会）。
都内の企業法務専門の事務所で 5 年間、M&A の法務 DD や人事労務案件をはじめとする企業法務全般の実務経験を積む。2009 年 9 月、地元である埼玉弁護士会に登録換えし、所沢市内の共同事務所へ移籍。中小企業の事業再生・事業承継、人事労務案件、債権回収案件等の企業法務の他、個人の依頼者の案件では相続案件を中心に活動。
2015 年 4 月、東洋大学大学院経営学研究科ビジネス・会計ファイナンス専攻博士前期課程（中小企業診断士登録養成コース）入学。2017 年 3 月、同大学院同研究科修了（経営学修士）。同年 4 月、中小企業診断士登録（埼玉県中小企業診断協会正会員）。2018 年 5 月、武蔵野経営法律事務所を開設。2021 年 4 月、武蔵野経営労務事務所を併設・社労士登録。

【専門分野】①中小企業の支援（事業再生・事業承継、人事労務案件、債権回収案件等）、②相続案件、③不動産案件
◇著書：『トラブル事案に学ぶ「泥沼」相続争い　解決・予防の手引』（中央経済社　2020.9.30 刊）

▎**石原 昌洋**（いしはら・まさひろ）
▎中小企業診断士、特定社会保険労務士、行政書士

1976 年 10 月、東京都多摩市生まれ。2010 年 11 月、東京都新宿区大手行政書士・社会保険労務士事務所に勤務。2015 年 4 月、東洋大学大学院経営学研究科ビジネス・会計ファイナンス専攻博士前期課程（中小企業診断士登録養成コース）入学。2017 年 3 月、同大学院同研究科修了（経営学修士）。同年 4 月、人材派遣会社のベンチャー企業の人事部に入社。同時に中小企業診断士登録（東京都中小企業診断協会正会員）。
社会保険労務士登録（東京都社会保険労務士会正会員）。2018 年 5 月、特定社会保険労務士 付記。同年 7 月、行政書士登録（東京都行政書士会正会員）。
2019 年 4 月、中小企業診断士、特定社会保険労務士、行政書士事務所として東京都府中市で事務所を設立。
【専門分野】①中小企業のコンサルティング（組織戦略、事業承継支援）、②人事制度の構築及び就業規則等の作成、③研修（管理職、新入社員等）

宮野 公輔（みやの・こうすけ）
中小企業診断士

1977 年 1 月、北海道函館市生まれ。2000 年 3 月、東京理科大学経営学部卒業。同年 4 月、大手小売グループへ入社。2015 年 4 月、東洋大学大学院経営学研究科ビジネス・会計ファイナンス専攻博士前期課程（中小企業診断士登録養成コース）入学。2017 年 3 月、同大学院同研究科修了（経営学修士）。
同年 4 月、中小企業診断士登録（埼玉県中小企業診断協会正会員）。2018 年 5 月、経営人材コンサルティング代表として独立。2022 年 6 月、㈱ SKM 代表取締役に就任。もっと自由な働き方、もっと自由な価値観、もっと自由な生き方を提案する「ライフデザイナー」として活動。
【専門分野】①事業戦略策定、組織戦略策定、組織改革、人事制度設計等、②「ライフデザイナー」としてセカンドキャリア支援、③中小企業診断士の活躍の場を広げる支援

―――― マネジメント社 メールマガジン 『兵法講座』 ――――

　作戦参謀として実戦経験があり、兵法や戦略を実地検証で語ることができた唯一の人物・大橋武夫（1906 〜 1987）。この兵法講座は、大橋氏の著作などから厳選して現代風にわかりやすく書き起こしたものです。

ご購読（無料）は https://mgt-pb.co.jp/maga- heihou/

書籍コーディネーター　　㈲インプルーブ　小山 睦男
カバーデザイン　　　　　㈱オセロ　熊谷 有紗

人事労務　「攻め」と「守り」の勘所

2023 年　5 月 25 日　初　版　第 1 刷　発行

著　者　　加藤剛毅　石原昌洋　宮野公輔
発行者　　安田喜根
発行所　　株式会社マネジメント社
　　　　　東京都千代田区神田小川町 2 - 3 - 13
　　　　　M&C ビル 3 F（〒 101 - 0052）
　　　　　TEL 03 - 5280 - 2530（代表）FAX 03 - 5280 - 2533
　　　　　https://mgt-pb.co.jp
　　　　　印刷 中央精版印刷 株式会社